复旦五浦汇丛书

从陪伴到放手

说李白

黄玉峰 著

上海科学技术文献出版社
Shanghai Scientific and Technological Literature Press

图书在版编目（CIP）数据

说李白 / 黄玉峰著 . —上海：上海科学技术文献出版社，2020
（从陪伴到放手：复旦五浦汇丛书 / 黄玉峰主编）
ISBN 978-7-5439-8151-5

Ⅰ . ①说… Ⅱ . ①黄… Ⅲ . ①古典诗歌—中国—中学—教
学参考资料 Ⅳ . ① G634.303

中国版本图书馆 CIP 数据核字 (2020) 第 123501 号

策划编辑：张 树
责任编辑：王 珺
封面设计：留白文化

说 李 白
SHUO LIBAI
黄玉峰 著
出版发行：上海科学技术文献出版社
地 址：上海市长乐路 746 号
邮政编码：200040
经 销：全国新华书店
印 刷：常熟市人民印刷有限公司
开 本：650×900 1/16
印 张：13.5
字 数：134 000
版 次：2020 年 8 月第 1 版 2020 年 8 月第 1 次印刷
书 号：ISBN 978-7-5439-8151-5
定 价：38.00 元
http://www.sstlp.com

序

天才诗人也有B面

骆玉明

李白是我最喜爱的中国诗人。倘若不谈个人好恶，我想在大多数人心目中，他也是位于中国最伟大诗人的行列。他的激情与想象力，他对一切美好事物——无论人情还是自然——的敏感，他的骄傲和孤独，透过他的美妙的诗歌语言，永远能够打动后人的心弦。如果我们同意陈寅恪先生的考论，认定他其实出身于汉化胡人的家庭，他的长相带有显著的西域胡人的特征，我们不禁会感慨：他是什么样的天才，能将古老的汉语应用得如此奇妙！

诗人看待世界的眼光和常人不同，而天才的精神活动更是有许多特异的地方。李白作为一个天才的诗人，以敏锐的感受和丰富的想象在诗的世界里创造迷人的意境，同时，他作为一个平凡的人，也在现实的社会关系中生活，经受着常人的一切烦苦。诗意的人生是一种渴望和期待，是对可能的自由舒展的生命状态的描述，现实的人生却是矛盾重重，你不可能没有实际利益的计较，也总要做出妥协和退让。在其他诗人那里，常常因为意识到现实力量的沉重，而淡化诗中的激情，降低讴歌自由与尊严的声调。李白却不愿如此。他和大多数诗人最大的不同，也许在于他的永不泯灭的天真与童心，哪怕理想其实是幻梦，他也宁可保持这种幻梦的完美性。正因如此，我们积满尘埃的内心也会因他的简单的诗句而发出欢快的应和之声——之后也许是叹息。

但李白也因此使自己陷入尴尬。因为他期待他所讴歌的生命状态是那样自由无羁、飞扬洒脱，倘使以此为对照，严格分析他在现实生活中的行止（包括在作品中留下的痕迹），会发现两者之间其实有很大的差距。而且，由于前者，后者的庸俗与局促更为凸显；由于后者，前者会令人怀疑其中有太多的浮夸。李白被称为"谪仙"，这本身就意味着矛盾的存在："仙"应该是超世的，但既已"谪"，又必须顺合现世。

以前从通行的文学史以及李白的传记与诗选中所看到的李白形象，是在经过选择的材料里被呈现出来的，它并不能够充分体现更为复杂的李白的全貌。有几种因素造成了这一结果：其一，人们在介绍、评述李白时，主要着眼于他的贡献，着眼于他所创造的具有积极意义的艺术成就；其二，李白作品中所描述的某些生活内容，在他的时代原是平常的、正当的（如携妓而游），但在新的时代却完全不能获得肯定，于是人们就会有意加以回避；其三，李白是中国最伟大的诗人之一，他的作品是中国文化的瑰宝，人们不愿意他的形象受到损害，于是就会讳言某些对其"正面"形象不利的东西。当然，从事专业研究

的人，大多不可能因此而误解李白，但对普通读者来说，他们所认识的李白多少已经被美化和"提纯"了。

前些时黄玉峰先生在上海电视台纪实频道《文化中国》栏目讲评李白，引起不少争议。他有一种"还原"李白的立意，因而较多地触及了过去认为属于"负面"的东西，如李白的功名欲望，他的"纵情声色"的生活，等等。这些讲演内容经过补充、修改编为一书，就是这本《说李白》。曾有人批评他"颠覆"李白，其实玉峰先生所言本身并不是新奇的发现，他只是清理了许多以前被忽略的史料，加以必要的阐释，以求全面地描绘出李白的原貌而已。虽然他对某些史料的理解、对李白若干诗文的解说，有可以再加斟酌的地方。但总体而言，这种做法是有价值的。随着社会的发展，人们越来越不满足于过去那种简单化的思维模式，希望对中国的历史与文化有更深入的理解，而清除一切不必要的蔽障，还原史实，乃是第一步的工作。就是普通读者大众，也并不是只能接受被某专业工作者美化和"提纯"的结果，他们有权利知道全部事实。玉峰先生为人勤学多思，相信其新著《说李白》对帮助读者全面理解李白很有意义。至于喜爱李白的人，也不用担心因为有人揭示了他的毛病就会身价大减。因为天才的不平凡，也表现在其毛病多。

目　录

李白其人

引子与素描

开放、多元、进取、充满活力的盛唐气象从来就是我们民族的骄傲，而李白正是其中的代表和佼佼者。台湾诗人余光中有一首诗叫《寻李白》，其中有这样的句子：

酒入豪肠，七分酿成了月光，余下的三分啸成剑气，绣口一吐就半个盛唐。

李白的诗句已成为我们民族的共同财富，有些则成为中国人的日常用语，有些已经成为我们思考问题的方式。比如：

安能摧眉折腰事权贵，使我不得开心颜！

飞流直下三千尺，疑是银河落九天。

黄河之水天上来，奔流到海不复回。

长风破浪会有时，直挂云帆济沧海。

李白的大名不但中国人家喻户晓，老少皆知，而且还有"国际影响"，在韩国、日本以及东南亚多国，李白的诗是学生的必修课，必须背诵。日本的教科书中就有不少李白的诗歌，还配有日语录音，如《峨眉山月歌》《桃花潭水歌》等。

在欧美，研究汉学有关的人，几乎没有不知道李白的。

李白不但是一个诗人也是个书法家，可惜他的诗名太大，掩盖了他书法上的成就。李白留下的作品不多，著名的书法作品《上阳台帖》：山高水长，物象千万，非有老笔，清壮何穷。

还有另一件作品《春日醉起言志》：

处世若大梦，胡为劳此生，所以终日醉，颓然卧前楹。揽衣览庭际，有鸟花间鸣。借问此何时？春风语流莺。感之欲叹息，未叹酒已倾。浩歌待明月，曲尽已忘情。

这首诗的后面还有一行小字："吾头懵懵，试书此不能自辨，贺生为我读之，汝年少眼明。"

这首诗很有趣，也很重要，写出了李白的人生观和生活状态。书如其人，诗也如其人，李白的书法字形大小悬殊，笔势乖张，诗句跌宕起伏。狂，醉，坎坷，自叹怀才不遇，借酒浇愁，在他的书法作品中表现得淋漓尽致。特别那一行小字，更写出他的醉态狂态。难怪他说自己也不认识自己写的字，要"贺生为我读之"了。

然而，李白的一生，在政治上可谓历经坎坷，郁郁不得志。直到最后，也没有得到正式的官职。他自诩的雄才大略，也没有机会得到施展。

那么，才华出众的伟大诗人李白，为什么在政治上无甚作为，还仕途坎坷，挫折接踵而至呢？为什么如此兴旺、发达、开放、生机勃勃的盛唐却容不下一个李白？是因为小人的妒忌迫害，还是因为他自身的原因？为什么恰恰是李白会成为盛唐诗坛最灿烂的星辰？是什么造就了李白？李白的身世、气质、人格、学识、经历，乃至信仰，对他的诗歌究竟产生了什么影响？

这一切留给后人的，是无穷的反思和遐想。

李白生于唐朝大足元年（701年），他在四川江油度过了他的童年时代。他在那里读书、练剑、求仙、学道，十四五岁时，还做过半年多小吏，26岁那年，他"仗剑去国，辞亲远游"，沿长江东行。

从此一个千古奇才出现在中原大地，他走南闯北，足迹遍布了大半个中国。从这时起直到62岁去世，李白再也没有回到故乡江油。

在谈李白生平之前，我们都有一个好奇心，想了解一下大诗人李白到底长什么样？据记载，当时李白有个"粉丝"，叫魏万，魏万也是一个狂人，跑了三千多里追星，李白对他很信任、很看重，托以诗稿，还说："尔后必著大名于天下，无忘老夫与明月奴。"这里的明月奴，是李白的儿子（郭沫若在他的《李白与杜甫》一书中把明月奴说成是女儿，其实是错的）。魏万在《李翰林集》的序中这样描绘李白："眸子炯然，哆如饿虎，或时束带，风流蕴藉。"（王琦本《李太白全集》）意思是说李白的眼睛很亮、很有神，张大了像一只饿虎。但如果穿戴好，打扮好，看上去还是很斯文，可以称得上非常风流倜傥、潇洒超脱的。

李白身材不高，他自己说"虽身不满七尺，心雄万夫"，作为诗人，李白的言辞总是有夸张成分，如果他身材很高，是不会这么说的。

李白喜欢侃大山，他的口才特别好，滔滔不绝。在崔宗之的另一首诗里说："清论既抵掌，玄谈又绝倒。分明楚汉事，历历王霸道。"这是说他爱发议论，能谈哲学，熟悉历史故事，自有一套政治理论。据李白的文章自述，说他的本家弟弟常说"兄心肝五藏，皆锦绣耶！不然，何开口成文，挥汗雾散"。意思是，弟弟们都说我的心肝五脏，都是锦缎绣成的，否则，怎么会出口成章。

李白平时喜欢穿紫色的袍子。他在金陵曾把自己的紫袍拿来换酒"解我紫绮裘，且换金陵酒。酒来笑复歌，兴酣乐事多。"（《金陵江上》）李白有时喜欢穿黑色的衣服，魏万说他"有青绮冠帔一副"，他还时常穿一套道士的制服，带着道书、丹药，所谓"仙药满囊，道书盈箧"，飘然来去。

李白平常喜欢佩剑，他有武功，还号称杀过人。崔宗之诗里说他"袖有匕首剑"。魏万则说他"少任侠，手刃数人"。

他在《夏日山中》里描写过自己的样子："懒摇白羽扇，裸袒青林中。脱巾挂石壁，露顶洒松风。"意思是懒洋洋摇着白羽毛扇，赤裸上身，把头巾挂在石壁上，让松树间的风尽情地吹。所以，当时有位叫司马承祯的名道士，见了李白便说他颇有仙风道骨。不过这是李白文章中自己说的。

强烈的功名欲

李白常常说自己超脱尘世，要做个隐士，他也确实经常住在山上。然而，他最大的理想还是从政，要安社稷、济苍生。

他自比大鹏，大鹏是他的图腾，直到去世都以大鹏自比，希望能"一飞冲天，一鸣惊人"。李白离开四川江油，先到了楚汉大地，他到处交友，拜见名士、达官贵人，希望他人引荐。但因为他出身低贱，尤其是因为十四五岁时做过贱吏，再加上个性傲慢、直率，多次受挫。

有一次，扬州的孟少府责备李白所在地安陆的官吏，说不该让李白隐居于附近的山里，于是李白就代替安陆的官吏起草了一篇《代寿山答孟少府移文书》，书中说了自己的胸怀抱负，还表达了自己并非是久安于山林之人，自己的理想是：

申管、晏之谈，谋帝王之术。奋其智能，愿为辅弼，使寰区大定，海县清一。事君之道成，荣亲之义毕，然后与陶朱、留侯，浮五湖，戏沧州，不足为难矣。

书中意思是说，他要像古代著名政治家管仲、晏婴那样，拜相治天下，然后学习范蠡、张良，功成身退。而且他认为，这些对他来说，不过是举手之劳，不在话下的轻松事。

他曾经把自己比喻成一支箭，要射向四方："以为士生则桑弧蓬矢，射夫四方，故知大丈夫必有四方之志。"（《上安州裴长史书》）

那么，他的治国方案到底是什么呢？他不像杜甫作为左拾遗参与过最高领导层的决策；他更不像苏东坡那样写过大量的策论、写过大量的上皇帝书，而且大权在握，曾经作帝王师。李白一生写过那么多锦绣文章，却没有一篇像样的政论性的文章。他只亲历过一个重大的政治事件，还站错了队。不过他在一首《春日行》诗中曾发表过自己的治国方案和政治理想：

　　万姓歌舞聚太平，我无为，人自宁，三十六帝欲相迎……
小臣拜献南山去，陛下万古垂鸿名。

　　李白治国的具体方针，就是这两个字"无为"，他是提倡无
为而治的。不过到底怎样才算"无为而治"，应该怎样具体操
作，李白却没有留下一个字。他常常把理想和现实混同起来，
还没有到官场博弈一番，便想着自己的退路了。他还没有登上
政坛，就想着要"功成拂衣去，摇曳沧州傍"，将来做个隐士。

　　然而，他的理想不是那么容易实现的。他早年有一首《上
李邕》的诗，倾吐了自己的宏大志向和不被理解的苦恼：

　　大鹏一日同风起，扶摇直上九万里。假令风歇时下来，犹
能簸却沧溟水。时人见我恒殊调，见余大言皆冷笑。宣父犹能
畏后生，丈夫未可轻年少。

这首诗里，他把自己比作大鹏，认为自己总有一天要想借助风
力飞起来，即使风歇下来时，也要掀起大海的波涛。有趣的是，
李白的一生都以大鹏自命，大鹏是他的图腾。他在死之前，写
的《临终歌》，也是自比大鹏：

　　大鹏飞兮振八裔，中天摧兮力不济。余风激兮万世，游扶
桑兮挂石袂。后人得之传此，仲尼亡兮谁为出涕。

　　这是他为自己唱的挽歌，虽然言辞豪迈，然而，此时的李
白终于认识到自己的翅膀被折断了，发出"中天摧兮力不济"
的悲歌。这不是偶然的。其实，在他早年的这首《上李邕》诗
里，已经有类似的预言：

时人见我恒殊调，见余大言皆冷笑。宣父犹能畏后生，丈夫未可轻年少。

诗的前两句透露了一个重要信息，就是当时大多数人的评价是对他不利的。他们普遍认为李白的想法不切实际，与众不同，与世相违，是"恒殊调"，是另类的"大言"，所以见了他都冷笑。而后两句更为明显，李邕就是大名鼎鼎的李北海，是他的前辈，是个大官，从诗句里可以看出，李北海也是说他"恒殊调"的人之一。作为长辈，李北海当时一定劝过李白，语重心长地劝他要切合实际些。然而，李白不但不接受，还在诗里反唇相讥："孔子都说后生可畏，你李邕怎么可以轻视我这个少年郎呢！"李白不识时务、不懂人情世故的性格在这时已表现得很充分了。

还有一位前辈也婉转地劝过他，这个人叫苏颋，是益州（成都）长史。李白20岁时曾"路中投刺，待以布衣之礼"。"刺"就是现在的名片。苏颋读了李白的诗后"因谓群僚曰：此子天才英丽，下笔不休，虽风力未成，且见专车之骨，若广之以学，可以相如比肩也。"（《上安州裴长史书》）苏颋认为他是天才，天赋很高，但学力还不够，而且太骄傲，如果再继续努力，可以和汉朝的司马相如差不多了。苏颋认为李白可能成为司马相如式的人物，这里既有批评，更有劝勉，"风力未成""若广之以学""见专车之骨"，都是婉转的批评。应该说，苏颋的话很有预见性。我们冷静地看，李白的学识和个性，似乎也不适合搞政治。然而李白却不以为然，他把苏颋的话曲解，说成是对他的高度评价，并到处宣传，相当于我们今天所说的自我炒作。

他还常常说："我本楚狂人，凤歌笑孔丘。"多次说过自己要学姜太公，要做帝王师：

白玉一杯酒，绿杨三月时。春风余几日，两鬓各成丝。秉烛唯须饮，投竿也未迟。如逢渭水猎，犹可帝王师。(《赠钱征君少阳》)

总之，他的最高理想与当时知识分子一样，任"布衣卿相"或者成为帝王师，建功立业，成为管仲、晏婴这样的人物，能够"定""清""一"，使社会安定，吏治清明，国家统一。他还要像姜太公那样，在渭水钓鱼，等着周文王来请他出山。然后，功成身退，回归山林。也就是说，要先建立功业，修成正果，然后隐居。

要实现自己的远大理想，首先要有职有权。那么，他用什么方法取得这个职权呢？他没有走当时知识分子普遍走的科举之路，通过科举中进士，进入统治阶层。纵观李白一生，他从来没有去参加科举。有人说李白看不起这种束缚人的个性的考试，他不愿意一步一步地向上爬，他企图一飞冲天，一鸣惊人，走一条捷径，这话不无道理，但是也不尽然。如果说要一飞冲天一鸣惊人，那么科举考试同样能做到，正所谓"十年寒窗无人晓，一举成名天下知"。

那么李白不去考科举的真正原因到底是什么？笔者认为有两个可能："不能"与"不敢"。一是不能考。李白的父亲一家偏居山区。即使在四川有户籍，当时参加考试也要按四川名额考，李白云游天下，25岁离家后，直到去世没有再回去过，因此也可能无法考。

二是不敢考。这是我的猜测，李白虽然才气横溢，聪明绝顶，但他没有受过系统的儒家教育，据他自己说的以及从他作品中所反映出的情况可知他少年、青年时代读的书大多是杂书，比如他读了许多道家的书，如《文选》《楚辞》，都是魏晋时期的作品（这对他以后的文学创作大有好处）。虽然他自己说很小就诵读诸子百家，但到底不是针对科举的。参加科举，可能他自己也觉得没把握。

科举入仕的路不通，只能走另外一条他人举荐的道路。

追求的失落

李白要走的被人举荐的道路，同样充满坎坷。要走这条道，李白不得不到处推销自己，低声下气地托人求人。虽然李白善于写文章，即使是求人，用语也并不低声下气，但本质上总是求人。表白身世，自我肯定，请求推荐，毕竟不是滋味。

《李太白全集》里有好多篇自荐信，内容无非是三部曲，先是自我称扬一番，然后是吹捧对方，最后又会言语威胁，有时还会显出可怜相。在博取功名、自我推荐方面，可谓软硬兼长，言辞多变。

一、自我称扬

（一）李白说自己出身高贵，自称是凉武王李暠的后代，九世孙：

> 白本家金陵，世为右姓。遭沮渠蒙逊难，奔流咸秦。因官万家，少长江汉。（《上安州裴长史书》）

这话其实是没充分根据的，明明生在西北，长在四川，怎么又家在金陵，"少长江汉"了？

（二）说自己学识超群：

> 五岁诵六甲，十岁观百家。轩辕以来，颇得闻矣。常横经籍书，制作不倦，迄于今三十春矣。（《上安州裴长史书》）

"十岁观百家"，怕是夸大其词，从留存的九百多首诗和十来篇文章来看，李白是读了不少书，但要说读百家，恐怕未必，更何况是十岁观百家。

（三）说自己不但能文而且能武，志向高远：

> 十五好剑术，遍干诸侯。三十成文章，历抵卿相。虽长不满七尺，而心雄万夫。（《与韩荆州书》）

这话倒是不假，但是把"遍干诸侯，历抵卿相"，也作为吹嘘的资本，实在有些不高明。难怪韩某人也不理不睬。

> 近者逸人李白自峨眉而来，尔其天为容，道为貌，不屈己，不干人，巢、由以来，一人而已。（《代寿山答孟少府移文书》）

明明当下就在屈己求人，却说自己"不屈己，不干人"，说自己是"巢、由以来，一人而已"，如此自夸，又把对方放到什么位置上去了？还说自己"天为容，道为貌"，哪有如此自夸的？读了李白的这几篇文章，我有时真不理解，如此天才的大诗人怎么也会这么不成熟！哪有这样推荐自己的？简直比不推荐还要糟糕。李白诗写得这么好，把诗给人看就是了，长得这么帅，给人看就是了，用得着这么言过其实吗？

（四）说自己文采照人。李白写文章，常常借别人的口称赞自己：

> 诸人之文，犹山无烟霞，春无草树。李白之文，清雄奔放，名章俊语，络绎间起，光明洞彻，句句动人。（《上安州裴长史书》）

这也是贬低他人，抬高自己，可想而知，别人看了会有什么想法。

（五）说自己行为高洁，个性与众不同：

> 白巢居数年，不迹城市，养奇禽千计，呼皆就掌取食，了无惊猜。广汉太守闻而异之，诣庐亲睹，因举二以有道，并不起。此白养高忘机，不屈之迹也。（《上安州裴长史书》）

这是说他曾在四川大匡山，养了几千只鸟，只要他一呼叫，鸟就飞来取食。难道这也能打动对方吗？

（六）说自己轻财好施，为人仗义：

> 曩昔东游维扬，不逾一年，散金三十余万，有落魄公子，悉皆济之。此则是白之轻财好施也。（《上安州裴长史书》）

轻财好施，为人仗义，也不是自己说的，做了好事不吹嘘，是中国的传统道德，所谓施惠勿念，受恩莫忘。何况，自己说了，别人也不一定相信。文中还说，不到一年，就"散金三十余万"，这样的言辞，会给他人留下什么样的印象？

二、吹捧对方

在《与韩荆州书》中他这样写道："白闻天下谈士相聚而言曰：'生不用封万户侯，但愿一识韩荆州。'何令人之景慕，一至于此耶！"虽借助别人的话赞扬，说得漂亮，但毕竟也是很肉麻的阿谀之辞，不甚高明。

在《上安州裴长史书》中，他这样写道："伏维君侯贵而且贤，鹰扬虎视，齿若编贝，肤如凝脂，昭昭乎若玉山上行，朗然映人也。"意思是他高贵贤能，动作敏捷，双目炯炯，牙齿整齐，皮肤白皙，走起路来好像在玉山上行走，光彩照人。他还说："所在之处，宾朋成市，故时人歌曰：'宾朋何喧喧，日夜裴公门。愿得裴公之一言，不须驱马埒华轩。'"一个小小的县级领导，居然被他捧上了天。

不仅如此，还装模作样地推断，说"白不知君侯何以得此声于天壤之间，岂不由重诺好贤，谦以得也。"这又是老调重弹，用别人之口赞美裴长史。然后由自己回答，意思是：我不知道你怎么会有这么好的名声，会充塞于天地间，看来是因为你守信用，看重人才，谦虚而得到的。所以，只要你一句话，我就不必再到处求人了。

这封著名的请求推荐的《上安州裴长史书》原本是一份检讨书。李白在安州曾因醉酒冲撞了当地父母官。这本来不是大事，可以大事化小，小事化了，但因李白平时为人高傲，别人一定要他写检讨书，于是他不得不认罪，不过在认罪书中李白还没忘自我吹捧"自明无辜，何忧悔吝"，我是无辜的，有什么可后悔的？

三、言语威胁

请求不成，他就摆出一副满不在乎的样子，甚至还在言语间威胁对方。在《上安州裴长史书》的最后，他对裴长史说：（如果你）

赫然作威，加以大怒，不许门下，逐之长途，白即膝行于前，再拜而去，西入秦海，一观国风，永辞君侯，黄鹄举矣。何王公大人之门，不可以弹长剑乎？

最后一句"弹长剑"的故事，说的是冯谖，冯谖是战国时孟尝君的门下食客，因为起先没有给他好的"待遇"，就整天佩着宝剑走来走去发牢骚：长铗归来兮食无鱼。后来孟尝君满足了他吃鱼的要求，他又唱：长铗归来兮出无车。就这样一次一次提要求，最后孟尝君完全满足了要求，才不发牢骚了。后来，冯谖在孟尝君最艰难的时候给他出主意，解救了他的危难。李白在这里提到"弹长剑"的冯谖，要表达的意思是：此地不留爷，自有留爷处。

这也就是说，他不但不认错，还要要态度。可以料到，那位裴长史见了这份检讨书会怎么对待？当然，李白有时还会显出可怜相，以博同情：

白孤剑谁托？悲歌自怜，迫于栖惶，席不暇暖。寄绝国而何仰，若浮云而无依，南徙莫从，北游失路。""白，嵚坎坷历落可笑人也。

可以想象，李白这样到处自荐，效果会怎么样？前途茫茫，李白写诗抒发内心的苦闷。《长相思》透露了他的这种苦闷的心情：

长相思，在长安。络纬秋啼金井阑，微霜凄凄簟色寒。孤灯不明思欲绝，卷帷望月空长叹。美人如花隔云端，上有青冥之高天，下有渌水之波澜。天长路远魂飞苦，梦魂不到关山难。长相思，摧心肝。

李白是多么盼望功成名就。他借男女相思之苦，表达渴望君臣遇合的迫切心情。

奔赴长安

天宝元年，即公元742年，李白那年42岁，时来运转，他一直企盼的到皇帝身边做高官的机会终于来了。唐玄宗发过一份诏书，诏书说："前资官及白身，有儒家博通、文辞秀逸及军谋武艺者，所在具以名荐。"（《旧唐书·玄宗本纪》）而这一年，他与道士吴筠游剡中（即浙江绍兴一带）。吴筠被招，到了皇帝身边，不久，皇帝便下诏要李白入长安面圣。

李白进京，到底是谁推荐的，有多种说法。一说是吴筠，吴筠应诏面见皇上，也许吴筠在谈完道教理论后，与玄宗拉家常，便提起李白。他趁热打铁，说李白如何狂放有才，盖世无双，如何不被世俗所容。这也许引起了唐玄宗的注意。还有可能，吴筠还会把李白做的诗面呈玄宗。一说是贺知章，当时贺已八十多岁，在皇帝身边任秘书监、太子宾客。贺知章，浙江绍兴人，性放旷，善谈笑，晚年尤加纵诞，无复规检，自号"四明狂客"。他也是个酒徒。他第一次见李白就呼之为"谪仙人"，也就是说，此人是下到凡界的仙人。称赞李白的《战城南》也写绝了，鬼神读了也得感动得落泪：

去年战，桑干源；今年战，葱河道。洗兵条支海上波，放马天山雪中草。万里长征战，三军尽衰老。匈奴以杀戮为耕作，古来唯见白骨黄沙田。秦家筑城避胡处，汉家还有烽火燃。烽火燃不息，征战无已时。野战格斗死，败马号鸣向天悲。乌鸢啄人肠，衔飞上挂枯树枝。士卒涂草莽，将军空尔为。乃知兵者是凶器，圣人不得已而用之。

这是一首反战争的诗，与杜甫的《兵车行》异曲同工，尤其是最后两句，对战争的本质做出了理性的思考："乃知兵者是凶器，圣人不得已而用之。"兵器是害人的东西，圣人不得已才使用武器的。这与他多年以后，所说的"沧海不震荡，何由纵鲲鹏"，是完全不同的。

有人说贺老就是被《乌夜啼》感动了，还有人说贺知章是读了李白的《蜀道难》，才惊呼其为"谪仙人"的。总之，李白的诗才深深打动了这位即将退休的老前辈，因而受到推荐。

还有一说是玉真公主。玉真公主是玄宗的妹妹，是个女道士，据说早就见过李白。李白也是习道之人，和她有过接触。李白到长安时曾由驸马张洎介绍，住在玉真公主废弃的道观中。据说，李白也曾写诗称赞过她，求她推荐。

在唐朝求人推荐可以说蔚然成风，除了科举取士外，好多官员都经由推荐而取士。比如大诗人王维，人称"诗佛"，也曾由公主推荐过。关于他的推荐，还有一则扮成艺人弹琴、献诗的小故事呢。

据说玄宗接见李白时说了一段非常动情的话，也有可能这是不止一个人推荐的作用，这三个大腕级的人物的推荐，可能共同起了作用。

唐玄宗是个好奇好玩的人，听说世间有这样一个奇人，自然想见一见。据李阳冰《草堂集序》记载：

天宝中，皇祖下诏，征就金马，降辇步迎如见绮皓。以七宝床赐食于前，御手调羹以饭之，谓曰："卿是布衣，名为朕知，非素蓄道义，何以及此。"

如此待遇实在是高档次、高级别的：玄宗见李白到来时，立即下车，迎上去，请他坐在自己身边，请他吃饭，亲自调羹。同时对他说：你是一个平民百姓，你的名声能让我知道，看来你平时确实有才有德，否则怎么会如此呢？玄宗并没有说是谁推荐的，而只是说"名为朕知"，可能并非一人之力。

那么玄宗为什么如此隆重地召见李白呢？我的看法是，玄宗是把李白当作朋友而非朝廷命官来看待。也就是说，玄宗不是把李白当作臣子对待的。君臣有君臣的规矩，朋友有朋友的

礼节。对李白的非常态接待，正是说明唐玄宗没有把李白当作体制内的人，而是请这位奇人奇才来共叙情怀的。

这次诏见，李白朝思暮想的愿望实现了。他满心欢喜，觉得自己马上就能到皇帝身边大展宏图了，"愿为弼辅"的夙愿眼看要实现了，他的兴奋是可想而知的。

临行前，李白写了几首诗，把自己得意忘形的心态表现得淋漓尽致：

王命三征去未还，明朝离别出吴关。白玉高楼看不见，相思须上望夫山。（《别内赴征三首》）

这是他对妻子说的：你要是想我，就要登上望夫台了：

出门妻子强牵衣，问我西行几日归。归时倘佩黄金印，莫见苏秦不下机。（《别内赴征三首》）

战国时期的苏秦曾游说秦王，"书十上而说不行，去秦而归，至家，妻不下纴，嫂不为炊，父母不与言"。后来苏秦拜了六国宰相，一下子都变了。这是李白在正话反说：我如果佩了黄金印回来，你可不要不下机，坐着不动呵。这时的他是多么踌躇满志！

还有一首有名的《南陵别儿童入京》，南陵在东鲁，那里有他的家。

白酒新熟山中归，黄鸡啄黍秋正肥。呼童烹鸡酌白酒，儿女嬉笑牵人衣。高歌取醉欲自慰，起舞落日争光辉。游说万乘苦不早，着鞭跨马涉远道。会稽愚妇轻买臣，余亦辞家西入秦。仰天大笑出门去，我辈岂是蓬蒿人。

他回到南陵的家去与孩子们告别，孩子们拉着他的衣服，高兴地笑个不停。他们杀鸡煮酒，庆祝这次飞升，一面还唱起歌，跳起舞。最后两句最为形象：

仰天大笑出门去，我辈岂是蓬蒿人。

蓬蒿即野草，蓬蒿人就是乡下人。李白得意地说：我与你们不一样，我是不会永远屈居人下的，总有一天我要做大官！总有一天我要高飞！你看，此时的李白是何等自鸣得意！

供奉翰林

到了京城，来到了玄宗身边，李白做了些什么呢？史书上记载，他曾经"草和蕃书，思若悬河，帝嘉之，于是置之金銮殿，出入翰林"。确实，玄宗是很优待他的，也很看重他的文学才华，但却没有授官，只是让他做供奉翰林，或者说是翰林待诏。玄宗本是一个绝顶聪明的君主，他把做学问、搞艺术与治国理政分得很清楚。待诏，是陪皇帝欣赏诗文，娱乐散心的，有时也请他们起草一些文件，做做临时秘书，但基本不会让他们参与政治。

据说李白在宫中也确实写过几篇正经文书，如上面所说的"和蕃书"。可惜李白是一个散淡的人，不愿受拘束。常常在上班时间喝得酩酊大醉，皇帝召见了，便醉醺醺地面圣。《旧唐书》有载：白既嗜酒，日与饮徒醉于酒肆。玄宗度曲，欲造乐府新

词，亟招白，白已卧于酒肆也，召入，以水洒面，即令秉笔，倾之成十章。帝颇嘉之。醉了，用水泼醒，要他写十篇，醉中立就。这不能不令玄宗佩服他的才思，觉得有这样的奇才在身边，也很好玩。

有一次，宫里牡丹花盛开了，有红的、紫的、粉红的、白的四种。唐玄宗和杨太真（这一年还未册封为贵妃）在宫中赏花。先请宫廷音乐家李龟年领了梨园弟子十六人来演奏助兴，奏一些老曲子、老词。玄宗觉得没劲，说："赏名花，对妃子，焉用旧词为？"旧曲旧词听腻了，就命令李龟年拿来金花笺去宣赐翰林供奉李白，李白欣然应旨，宿酒未醒，立即援笔赋之。这就是有名的《清平调》三首：

> 云想衣裳花想容，春风拂槛露华浓。
> 若非群玉山头见，会向瑶台月下逢。

> 一枝红艳露凝香，云雨巫山枉断肠。
> 借问汉宫谁得似？可怜飞燕倚新妆。

> 名花倾国两相欢，长得君王带笑看。
> 解释春风无限恨，沉香亭北倚阑干。

这三首诗的大意是：第一首说连天上的云彩都羡慕她的衣服，连鲜花都羡慕她的容貌。在春风的吹拂下，在仙露的滋润下，她是那样的美丽。如此美人，如果不是在仙山相见，也只能到天上相逢。

第二首说一枝红润艳丽的花朵，散发出迷人的芳香。楚王梦中遇到的巫山仙女与之相比也会愁断肠。如果要问谁可以与之媲美，只有那穿新装的赵飞燕才能匹配得上。

第三首说牡丹花与太真妃都是那么令人喜欢，引得君王久久地观赏不已。当看到她倚于沉香亭阑干的形象时，帝王心中的烦闷将一扫而空。

不得不承认，李白也是写宫廷艳词的高手。描写一个妃子的美貌，这三首诗是写绝了，李白确实发挥了自己的才华，铸造了这三首新词。

这个时期的李白整天在鲜花丛中、脂粉堆里过着潇洒风流的生活，成了宫廷里的清客帮闲。

杜甫后来写有《饮中八仙歌》曾给这时的李白作了一幅速写：（当时杜甫不在京城，他的描写可能是日后入京时所得的传闻）。

李白斗酒诗百篇，长安市上酒家眠。天子呼来不上船，自称臣是酒中仙。

可见他在长安的生活是何等狂放。

不过李白这样整天半醒半醉，到底不是个事儿。他自己也感到受约束不舒服，有时又不免得罪人。他本想到京城有所作为，刚入京时李白是很感激玄宗，很想报答他：

一朝君王垂拂拭，剖心输丹雪胸臆……待吾尽节报明主，然后相携卧白云。（《驾去温泉后赠杨山人》）

后来却成了皇帝旁边的摆设，人家看中的是他的文采，并不认

可他的政治才能。李白的志向是干一番大事业，虽然他的个性、素质、学养以及性格可能并不适宜官场。于是他常发牢骚，说要回到山林去。

他在这期间写了一些诗，我们举《翰林读书言怀呈集贤诸学士》这一例，说明他的心情：

> 晨趋紫禁中，夕待金门诏。观书散遗帙，探古穷至妙，片言苟会心，掩卷忽而笑。青蝇易相点，《白雪》难同调。本是疏散人，屡贻褊促诮。云天属清朗。林壑忆游眺，或时清风来，闲倚栏下啸。严光桐庐溪，谢客临海峤。功成谢人间，从此一投钓。

这首诗，先是写在宫中的生活：早上到宫廷签到，值班，晚上还要在金门待诏。没事干时，就只能读读书，这是说出心里话了。会心的读书多有味，游逛山水多么值得留恋。可现在偏偏要天天为难，晨去宫廷中，晚上又要应金门诏，无法施展才华，还不如回到"林壑"去钓鱼吧。这时他已感觉到与周围同事难以相处了：青蝇易相点，白雪难同调。

李白的《于阗探花》中，把自己比作王昭君，顺带讽刺其他人：

> 于阗探花人，自言花相似。明妃一朝西入胡，胡中美女多羞死。乃知汉地多明姝，胡中天花可方比。丹青能令丑者妍，无盐翻在深宫里。自古妒蛾眉，胡沙埋皓齿。……君王虽爱蛾眉好，无奈宫中妒煞人。（《玉壶吟》）

在诗里他一味抬高自己。也可见李白在宫中并不快活。纵观李白一生的人际关系，他始终很难与人长久和睦相处的。

此时，李白的仕途充满危机。

赐金放还

李白在京城的时间跨了搭了三年，从他42岁到44岁（742—744），实际时间只有一年半。他到京城第二年时贺知章退休，告老还乡了。李白也萌生退意，想回到山林去。可以说李白实在没有"等待"的耐心，而一个成熟的政客最需要耐心，最无惧等待。

李白就是这样矛盾，在野时想在朝，在朝时又想在野。围城现象在李白身上表现得十分明显。他不安于现状，有一个无法平静的灵魂，一会儿想从政，一会儿又想修道，他在《金门答苏秀才》诗中说："愿种东海鸥，共营西山药"，还说："却话山海事，宛然林壑存。"（《朝下过卢郎叙旧游》）

总之，李白到底不能在朝廷久耽，他自己说是遭到小人的中伤、排挤。他在《答高山人》一诗中说："谗惑英主心，恩疏佞臣计。"又说："贱臣诈诡，递放归山。"

那么唐玄宗听到的谗言，到底是什么内容？别人会说李白什么呢？现在已无从查证了，但可推测，像李白如此狂放不羁、高傲自负的性格，必然容易得罪人。

那么，李白诗中的"佞臣"到底是谁？魏万在《李翰林集

序》中说"以张垍谗逐",这恐怕是李白亲口告诉他的。李白曾在第一次入京时求过张垍,张垍也帮助过他,张垍是燕国公张说的儿子,玄宗的女婿,以文采见称,玄宗曾命他搬入宫中,以便朝夕相处。

"贱臣"是谁,过去都认为是高力士,李白醉中命高力士脱靴的故事广为流传,《警世通言》《今古奇观》中,都有"李谪仙醉草吓蛮书"一文。但有人认为这是小说家言,不可靠。李白再大胆狂妄,也不敢这样做。可我却认为既然是见于正史,又见于传说,可见并非空穴来风。

《旧唐书》记载:"尝沉醉殿上,引足令高力士脱靴,由是斥去。"李白在酒醉时,没什么做不出来。玄宗是个调皮的人,我想他也许觉得好玩,就令高力士给他脱靴。高力士何许人也?他从小就侍候唐玄宗,太子称他阿兄,王侯见了称翁,驸马一辈见了都叫爷爷。据说,高力士铸了一个庙钟,敲一下就要一百串钱,好多人为了讨好巴结他争着敲。这样有势力的人物,李白却拿奴才身份对他,他当然忌恨。

另外,李白还得罪了杨太真杨玉环。据说杨太真原本非常喜欢李白写的《清平调》,就常常自己唱。高力士乘机问:"我以为你恨李白呢?"太真问:"为什么?"高力士说:"他把你比作赵飞燕,多可恶啊!"赵出身低贱,下场可悲,用来比喻你杨妃,是何居心。这话自然产生了坏作用。

也许,他得罪的还不仅以上几位,还有一批翰林院其他人。李白好表现自己,自然显得他们无能,妒才忌能是很自然的事。

据说当时宰相已是李林甫，李林甫就是那个笑里藏刀的家伙，他妒才害能、排挤异己是出了名的，又怎么会容忍李白。但这种说法也都有些牵强，说他对李白行为不满是有的，但没有必要嫉妒、排挤。李白和李林甫当时的地位无法相提并论，李白甚至还不是一个小秘书（玄宗曾想提拔他做中书舍人，即秘书，据说被杨太真阻止了），而李林甫已是手握大权的大人物，何必要排挤他呢？大概主要原因是李白自己不习惯，不适应宫廷生活，自己不愿干了。上面谈到的诗里"本是疏散人……从此一投钓"已表现出来。他没有抓住侍奉在玄宗身边的机会。

对李白政治命运起决定作用的最重要的人物当然是玄宗。玄宗起先是想提拔他，却被杨玉环多次阻挡，后来也觉得他醉酒要闹出乱子，怕他"言温室树"。什么叫"言温室树"？《汉书·孔光传》说孔光周密谨慎，有人问他长乐宫温室殿的边上长什么树木？孔光对此小事也绝对保密，不肯吐露半个字。

李白性格自由散漫，口风是不紧的，朝廷怕他"言温室树"。他也确实泄漏过宫廷秘闻。有一次他写的《寓言三首》把宫中杨玉环与安禄山私下说的话都讲出去了，还把杨太真姐妹在宫里的事都捅了出去。

长安春色归，先入青门道。绿杨不自持，从风欲倾倒。

海燕还秦宫，双飞入帘栊。相思不相见，托梦辽城东。

辽城是指安禄山，安禄山是辽城人，认杨妃作干妈，关系暧昧。内廷的一举一动皆是机密，可以说宫中无小事。李白这么大白

天下还了得，不治罪，已经算客气的了。王琦说："李白为人疏旷不密，醉中失控，泄露机要。"从这首诗看，恐怕不仅是无意的泄密，还有故意的讽刺呢！

玄宗评价李白，曾说过一句话，说"此人固穷相"，意思他不过是个有才气的乡下人。成也玄宗，败也玄宗。所以当李白提出要回乡时，玄宗自然顺水推舟，同意他的要求，"赐金放还"。然后，给了他一大笔钱，让他回乡去了。

玄宗不是随便听信别人话而没有自己主见的人。当时有多少人，连杨国忠都说安禄山要造反，他就是不相信，所以说李白的事他也不会轻易听信别人的，主要还是玄宗自己的看法：李白确实不适宜在宫中。

苏东坡在《留侯论》中论述相才时说：一个政治上的实权人物，要无辜加之而不怒，猝然临之而不惊，泰山崩于前而色不变，麋鹿舞于左而意不移。李白并没有这种政治家必备的素质。因此李白离开朝廷是必然的，也是迟早的事。而诗人需要奔放、宣泄，李白显然独具诗人的特色。

李白在宫中没有靠山，又不肯夹着尾巴做人，志高气傲，恃才傲物，好表现自己又不满足于自己的位置，还要直白地说出来。不过，如果李白真是一个内敛含蓄的人，那么我们今天也看不到李白这么多豪放洒脱，直抒胸臆的优秀诗篇了。

李白天真、幼稚、自大，别说应付统治阶级最高层的内部斗争，就是了解一下宫廷内的复杂关系都没那么容易。这次的受挫对李白是一个打击，也是一个教训。他对最高统治者，有了进一步认识，还写了些诗揭露了一些内幕：

> 大车扬飞尘，亭午暗阡陌，中贵多黄金，连云开甲宅。(《古风》二十四)

> 斗鸡金宫里，蹴鞠瑶台边。(《古风》四十六)

> 世无洗耳翁，谁知尧与跖？(《古风》二十四)

诗里说高力士这帮人土地兼并之凶，房产占京城一半，斗鸡的人做了大官，气焰之高，可以直达云天，说他们与盗跖没区别。他似乎很惋惜："一百四十年，国容何赫然。"

李白最终离开了政治中心。但刚离开京城，李白心里就又升起了要建功立业的情绪。他来到开封，写下了《梁园吟》：

> 人生达命岂暇愁，且饮美酒上高楼……持盐把酒但饮之，莫学夷齐事高洁……黄金买醉未能归，连呼五白行六博，分曹赌酒酣驰晖……东山高卧时起来，欲济苍生未应晚。

可见他仍然羡慕显贵，不甘心像伯夷、叔齐那样寂寞消极，一边在叫喊"欲济苍生未应晚"，一边举着酒杯在拼命喝酒、赌博；一面在大肆挥霍享受，一面他又有一种"我能来拯救你们"的自大的幻觉。

就这样，李白始终生活在想象中、幻想中、酒醉中。

附录一　李白的功名欲与被谗的再分析

关于李白的功名欲与被谗问题，我以为有必要着重谈一谈，因为这对于了解李白其人尤为重要。

根据上面的陈述，我们可以看到，李白的功名欲望是很强

的。李白与功名的关系大致可以从三个阶段来观察、分析。

公元742年前，李白应召进京前为一个阶段；742年到744年，在玄宗身边任供奉翰林，为第二阶段；第三阶段，就是赐金放还后。

第一阶段：742年8月唐玄宗下诏召见李白。得到这个天大的喜讯，让李白高兴得几乎忘乎所以。又是在妻子面前炫耀，把她比作朱买臣的妻子，说她是愚妇，又是仰天大笑出门去，在儿女面前炫耀。这种神态几乎与范进中举时的神态差不多了。

仔细想想，从724年离开四川到742年，几乎花了李白整整18年的时间，他几乎是到一处便求一处，"遍干诸侯，历抵卿相"。李白给我们留下极少的几篇文章中，大半是求人推荐的信件。这些文章，让我们看到了一个汲汲乎功名的李白。

第二阶段：入京后，他写了大量宫廷诗。

当年十月，玄宗携杨玉环游骊山温泉，李白侍从，作《侍从游宿温泉宫作》等诗。

第二年春，李白又奉诏写了《宫中行乐词八首》，接着又奉令写了《侍从宜春苑奉诏赋龙池柳色初青听新莺百啭歌》。从这些诗的题目，就可以看出多是些浮夸美艳的宫廷诗。他最得意的是暮春时节，随玄宗、杨妃身后去兴庆宫沉香亭赏牡丹时写的三首《清平调》。这时的李白虽然还有牢骚，但总体上是踌躇满志的。请看他的诗句：

汉家天子驰驷马，赤车蜀道迎相如。天门九重谒圣人，龙颜一解四海春。彤庭左右呼万岁，拜贺明主收沉沦。（《赠从弟

南平太守之遥二首》）

他怀着极其荣耀的心情，描绘了宫廷里的所见所闻，除了语言上还是那么流利，与入京前怨恨满腹的李白简直判若两人。他居然把自己说成是"圣人"，更值得注意的是最后两句——"当时笑我微贱者，都来请谒为交欢"——那些过去看不起我的人现在都要来和我把酒言欢啦！

在《驾去温泉宫后赠杨山人》中，他明明白白地剖露了内心对皇上的感激之情和愿为之效忠的决心："一朝君王垂拂拭，剖心输丹雪胸臆……待吾尽节报明主，然后相携卧白云。"又是剖心输丹，又是表白胸臆，又是"尽节报明主"，说得何等肉麻，不但如此，他还一再向亲友夸耀自己如何受到皇帝的"拂拭"：

　　长安宫阙九天上，此地曾经为近臣。（《单父东楼秋夜·送族弟沈之秦》）

这哪里还是当初那个神采飞扬、藐视权贵的李白！对于供奉翰林即宫廷御用文人的职位，李白起初是满意的，并且引以为荣。他的亲友们也为他高兴，任华的《杂言寄李白》中有这样的句子：

　　新诗传出宫人口，佳句不离明主心。身骑天马多意气，目送飞鸿对豪贵。

杜甫也是，他在《寄李十二白二十韵》中说：

　　文采承殊渥，流传必绝伦。……白日来深殿，青云满后尘。

然而好景不长，没过几个月，朋友们对李白宫廷生活的一片赞

美声还余音在耳，对李白的颂词墨迹未干，便突然出现了不和谐的变奏！

君王虽爱蛾眉好，无奈宫中妒杀人。（《玉壶吟》）

青蝇易相点，白雪难同调。（《翰林读书言怀呈集贤诸学士》）

还突然提出不愿意再待下去了：

本是疏散人，屡贻褊促诮……功成谢人间，从此一投钓。
（《翰林读书言怀呈集贤诸学士》）

李白突然要学严子陵，归隐去了。

第三阶段：被赐金放还。这"放还"两个字，就略带侮辱性，仿佛是对待宠物一般，放它归山。李白很生气。一离开朝廷，就摆出一副清高的姿态，并大骂小人奸臣，说"安能摧眉折腰事权贵"。他完全忘了，几天前他还在侍奉权贵，还在"剖心输丹雪胸臆"呢！

此次被还后，一直到他死，他都没有放弃对富贵功利的追求！他说道：

看取富贵眼前者，何用悠悠身后名。（《少年行》）

有些学者说，李白之所以想要离开，之所以被逐，是因为宫中小人的离间、诬蔑。我们且不说是否离间，为什么要离间和怎样离间。

李白一再声明要"申管晏之谈，谋帝王之术，奋其智能，愿为辅弼使寰区大定，海县清一。"怎么遇到小小的挫折，就说要走呢！好不容易来到皇帝身边，是李白实现政治理想的唯一

李白其人

031

途径，大好机会，怎么就这样轻易地放弃了？要成大事，就大业，难道连几个宫中小人的话都不能忍一忍吗？如此素质能担起"使寰区大定，海县清一"的大任吗？

其实李白在宫中的所作所为不用别人挑拨离间，也迟早会被逐出。

李白常常醉醺醺地去上班。有时被拖到朝廷里仍大醉未醒，这样的情况，一次两次也许可视为好玩，以玄宗的调皮心态，还能容忍，日子长了，也就没趣了。

玄宗是何等样人？玄宗是很有主见的人，有时有些一意孤行，不会轻易听信别人的谗言。安禄山反叛前多少人劝他要警惕，连杨国忠都劝说玄宗，他都当作耳边风。这样的大事，他都不轻信于人，何况李白如此区区小事。假使唐玄宗真心要留下李白，谁拦得住！

而高力士、杨国忠、李林甫等人位极人臣，地位与李白相差千万里，他们用得着来嫉妒李白吗？嫉妒和排挤，往往是同一地位、同一档次，互相之间存在竞争的人。高、杨等人与李白并非同一级别，何必排挤。

根本问题在于，李白自己没有久处人下的心理准备。无法无天的李白，要他忍耐一时都难，何况一年半载。仅仅几天就暴露出个性张扬的特点，他的个性终究不容于官场，当然更不容于朝廷。

从李白自由散漫的工作态度，恃才傲物，漠视与他人的关系来看，他也很难见容于世俗。他的被归是必然的，不需要他

人进谗言。

如果李白不被驱逐，如果他能适应束缚自由、戒律严格的宫廷生活，那么李白也就不是李白了。我们今天，也不可能读到那些神采飞扬、光耀千载的诗篇了。

附录二 《梦游天姥吟留别》并非游仙诗

"安能摧眉折腰事权贵"这一名句出自《梦游天姥吟留别》，通常这被认为是一首游仙诗。中学教科书上也这么讲。最新编写的上海新教材的教学参考如是说："题作'梦游'可见未曾实到，只是以此告别东鲁诸公，表明自己蔑视权贵，憎恶黑暗现实，向往自由生活的思想感情。"教参特别强调是"未曾实到"，是"梦游"。

那么李白到底是不是做过这个"梦"，到底是不是"实到"呢？

在我看来这确是一场梦，但又不是梦。确切地说是李白"身临其境"，"实到"的"梦境"。我们先看看这首诗的背景：天宝元年即公元 742 年，李白应召来到西安，他的职务是陪皇帝消遣。玄宗身边这样的人很多，有道士、有和尚、有玩家、有诗人，大多给予虚职。比如有个叫贾昌的人善斗鸡，他在鸡身上涂了狐狸油，在鸡爪上暗藏锋利的金属片。无论谁的鸡与之斗都会瑟瑟发抖，失魂落魄。于是爱看斗鸡的唐玄宗就把他请到宫中，也授予供奉翰林之职。贾昌父亲死的时候，玄宗还下令所经之处以上宾的规格接待，风光一时无二。

于是李白十分忌恨，写诗云："君不能狸膏金距学斗鸡，坐令鼻息吹虹霓……"（《答王十二寒夜独酌有怀》）

其实在玄宗的眼里，李白的身份与这位被他看不起的斗鸡者不相上下（应该说明的是，李白自己也斗过鸡，也算是一个斗鸡者）。李白不是通过正式"科考"进入仕途的，他到处托人推荐，写诗请人引见，渐渐"使上闻"，才有机会来到玄宗身边。玄宗在见到他时说："你的声名在外，连我都知道了，可见了不起。"并走下殿来相迎，亲自调羹给他吃，请他并排坐。这就是说玄宗没有把他当"下官"看待，而是把他当朋友看待。对待李白不是体制内的朝廷命官，而是江湖上的朋友，所以玄宗以朋友之礼相待，不以君臣之礼。

来到朝廷的李白"天子呼来不上船，自称臣是酒中仙"，常常喝得烂醉如泥。一次皇帝临时要他来吟诗作乐，他竟发起了酒疯，要高力士脱靴，要杨国忠磨墨，要宫娥用口水当墨水，最后又把龙床吐得一塌糊涂。

玄宗本是个玩家，觉得李白好玩，是个奇人，也就不在乎这些小节。但日子长了可不行。李白不但有"丑态"，而且有"恶行"，胆敢"言温室树"，把内廷的秘密泄露出去，说杨贵妃和安禄山有暧昧关系。还写出了"相思不相见，托梦辽城东"这样讽刺杨贵妃的诗，并且广泛流传。宫中无小事，这可得了，终于赐金还乡了。

李白是天宝元年秋入朝，天宝三载春辞阙，从742年到744年首尾三年，实为一年有余。这个时期他写的诗，最出名

的是三首《清平调》（云想衣裳花想容），诗中极肉麻地吹捧杨贵妃的。可后来杨贵妃还不高兴，说是把她和赵飞燕相提并论，"可怜飞燕倚新妆"是诅咒她没有好下场。

李白走后先到了山东，然后准备去绍兴，因为那儿有他的情人。这时一大群"粉丝"来送行，百杯下肚后，李白心里烦闷，写了一首诗吐一吐心头的郁闷，表明一下自己这些被逐的原因。于是《梦游天姥吟留别》便应运而生，喷薄而出！

海客谈瀛洲，烟涛微茫信难求。越人语天姥，云霞明灭或可睹。

既然要去浙江，就从越人谈起，从缥缈的瀛洲谈起。呵，天姥山真高啊，"天台一万八千丈，对此欲倒东南倾"。接着渐渐进入"梦境"：我欲因之梦吴越，一夜飞渡镜湖月。这种浪漫主义的手法，是李白的拿手绝活。使人联想到他在入宫前，别儿女时所写的诗句"仰天大笑出门去，我辈岂是蓬蒿人"那股高兴劲，只能用"一夜飞渡"来形容了。

湖月照我影，送我至剡溪。谢公宿处今尚在，渌水荡漾清猿啼。

谢公的生活多么令人向往，又做官，又休闲，还有那个挟妓出游的谢东山！活得多么滋润。

——啊！我怎么登上了青云，我怎么来到了天庭？我怎么来到了帝王身边？这莫非是梦吧！

——啊！那宫廷的景象可是像仙境一样，奇花异石，扑朔迷离，廊腰缦回，檐牙高啄，各抱地势，钩心斗角，长桥卧波，未云何龙，复道行空，不霁何虹，高低冥迷，不知西东！

——啊！内眷出来了，"霓为衣兮风为马，云之君兮纷纷而来下"，笙歌奏起，美女如云！"虎鼓瑟兮鸾回车"，完全是仙人下凡。

这就是他的宫廷生活啊！然而春水易逝，好梦易散。

忽魂悸以魄动，恍惊起而长嗟。

——梦境戛然而止。

梦醒了，什么也没有了！人生就是一场梦啊！

这就是李白写的"梦"，正是他在朝廷三年的经历，是他永远值得向朋友们炫耀的辉煌人生。可惜这一切成了过去。梦醒了。什么赐金放还，只让你们享受，不让我享受，只许你们行乐，不许我行乐！走吧！走就走，"且放白鹿青崖间，须行即骑访名山"。我还是回到我所喜欢的自由自在、无拘无束的名山大川间去吧！我才不愿伺候你们呢！

安能摧眉折腰事权贵，使我不得开心颜！

窝囊气我可受够了！我再也不会向你们低头哈腰了！

以上便是笔者对李白这首诗基本内容及他被赐金放还后心态的解读。

也许读者不同意这个看法，那么请想一想：

为什么与朋友告别要写梦境，要写游仙诗？

写游仙诗为什么特别要写梦醒后的心悸魄动？

心悸魄动后为什么又要扯到回山林的愿望？

决心回到山林去了，又为什么要在结束语里大发不愿低头

哈腰的誓言？

如果不是对宫廷生活的留恋、如果不是对被赐金放还的怨恨、如果不是为了在朋友面前挽回面子和为自己被放还寻找借口，李白怎么会在梦醒后大发牢骚！

因此，只有理解为"游仙"是对过去三年生活的回忆、留恋，还包含了对被放还的怨恨，后面的牢骚才能顺理成章。否则无法解释在写了美好的游仙经历后，突然冒出一句"安能摧眉折腰事权贵"的誓言。

所以，笔者以为应把《梦游天姥吟留别》的内在思路理解为：应召——游宫——被逐——牢骚。

以上的思考是在分析了李白一生表现的基础上做出的。他的一生大多在为追逐名利而奔波。他并不愿真的一生都"且放白鹿青崖间"。

赐金放还后不久，年近花甲的李白又加入了李璘的军队，为李璘谱军歌，献计谋，政治热情高涨，不料却站错了队跟错了人，在李璘兵败后被捕入狱，判处死罪。幸得郭子仪相救，改判为流放夜郎。如果他真的想"须行即骑访名山"，何必再投身政治。

综上所述，《梦游天姥吟留别》不是游仙诗，而是李白三年宫廷生活的真实写照，是他对宫廷生活既留恋又不得不离去而大发牢骚的真实心态的写照。

对于李白，不必赞美他蔑视权贵，也不必歌颂他憎恶黑暗。而且事实上在李白入仕的 742 年至 744 年还算是盛唐时代，并非黑暗的时期。

我们不必为"诗仙"讳，因为事实就是这样的。

入狱与流放

李白被赐金放还（实际上是被赶出朝廷），又开始了他人生的第二次漫游。这次漫游时，李白的心境与前一次大不相同了。第一次漫游还不过二十五六岁，现在这一次已是四十四五岁了。上次漫游还比较有一个固定的地方，那就是"酒隐安陆、蹉跎十年"的湖北安陆。这一次漫游范围更大了，大致在河南开封以及山东一带。

第一次漫游，李白离开故乡四川，以后再没有回去过。第二次漫游，李白离开了政治中心长安，以后也没有机会旧地重游了。

两次漫游都有从政与学道的心理矛盾，第一次漫游目的着重在从政，而以学道求仙、游山玩水、广交朋友为辅助手段，结果确实达到目的，成了供奉翰林。第二次漫游着重在学道，却也没忘了从政，结果以一个政治斗争的失败而结束，那就是加入了永王李璘的军队。

为了了解李白获罪的始末，我们不得不先介绍一下唐朝最高统治阶层内部的斗争。唐朝自建立第一天起，最高统治层内部始终充满着血腥的斗争。唐太宗李世民杀了他的哥哥太子李建成、弟弟李元吉，逼父亲高祖李渊退位让出皇位。太宗以后，宫廷斗争不断。睿宗是武则天的小儿子，照理应得到武则天的怜爱，但皇室人的感情与平民不同。武则天先是当皇后，以后当皇太后，再以后便直接做了皇帝。武则天有四个亲生孩子，老大早死、老二被逼死、老三中宗被废，后立睿宗，大权始终在武则天手中。后来中宗的第四个儿子做了皇帝，大权又落到了他母亲韦太后手里。玄宗很像太宗，很能干。他发动政变，让父亲睿宗继位，但大权又旁落在睿宗的妹妹太平公主手里。玄宗继位后发动政变，把太平公主杀了，终于安安稳稳做了四十四年皇帝。

"安史之乱"之后，李白一时不知所措，想投笔从戎但又不知去处，于是上庐山避难。后来应永王李璘之聘下山从军。主观上李白以为这是一次机遇，能实现自己大展宏图的理想，"谈笑静胡沙"。他把一切看得很简单，考虑问题太浪漫化，不知道加入李璘军队之后等着他的到底是什么？

"安史之乱"爆发后，玄宗逃到四川，让太子李亨留下。在宰相房琯的策划下，制定了一个名叫"分制置诏"的计划。把兵权分给四个儿子。李亨留守西北，任天下兵马大元帅；李璘在东南，管长江一带军政事务；盛王、丰王分别管河南、河西等地军政事务，"分制置诏"一发出，唐王朝内部矛盾就尖锐起来了。

李亨趁机在灵武（在今宁夏）称帝，他做了十九年的太子，已经不耐烦（封建时代皇帝和太子矛盾一直是十分尖锐的，皇帝杀太子的事屡见不鲜）。李亨称帝后半个月，玄宗得到消息，思想斗争了整整四天，决定予以承认。他命房琯拿着玉玺给肃宗，正式认可肃宗继位。父子间的斗争一结束，兄弟间的斗争便开始了。

当时最尴尬的是李璘：现在天下已是他哥哥李亨的了，在他哥哥李亨看来，什么"分制置诏"，皇帝权力怎么能分？李璘是玄宗第十六子，从小由哥哥李亨养大，这时也不顾兄弟之情了。权力斗争中一切温情都被打碎了。

永王向江东扩展，想另立山头，独霸一方。一路上征聘名士，以壮声威。李白是名士，又在附近，自然成了他物色的对象。当时，有很多人，看清朝廷内部的矛盾，纷纷拒绝应召。那么，李白为何欣然下山，加入李璘的军队，成了他的幕僚？

事败后，李白曾大呼冤枉，说他是被逼下山，是被胁迫的。事实并非如李白所言。其实，李白是完全出于自愿，而且是极其兴奋地下山参军的。前面我们说过李白自负，一直想建功立业，做惊天动地的大事。他一直觉得没有人赏识他的才干，不甘心被埋没。他的内心始终有一个怀才不遇的情结，始终为不能大展宏图而耿耿于怀。现在机会来了，他怎么能错过！他太想做官了。他在诗中一再呼吁礼贤下士的燕昭王的出现：

燕昭延郭隗，遂筑黄金台。（《古风》十五）

君不见，昔时燕家重郭隗，拥彗折节无嫌猜。……昭王白骨萦蔓草，谁人更扫黄金台。（《行路难》）

揽涕黄金台，呼天哭昭王。（《经乱离后天恩流夜郎忆旧游

书怀赠夏韦太守良宰》)

洒扫黄金台，招邀青云客。(《寄上吴王》)

李白的诗歌往往总是，对一个意象进行反复强调。黄金台的典故出自战国时期的燕国，燕昭王执政后，要招贤者，对他的臣子郭隗说：你帮我去招揽天下贤才。郭隗说了一个故事，说过去有个国王要寻千里马，找了三年一匹也没找到，一个部下对他说有办法，不过要用重金。过了些日子，他报告说千里马找到了，用了五百金。国王非常高兴，引来一看，原来是一堆死马骨头，非常生气：我要的是活的千里马，你怎么买来死马骨头。大臣说：你用五百金买千里马的骨头，不几天千里马就会来了。果然不几天，不少人便带着千里马纷纷主动来投奔。

郭隗说了这段话后，接着说：你现在要招天下贤才，就先从对待我开始，如果连我这样的"死马骨头"你都能以礼相待，那么天下人才必然纷纷到来。

于是燕昭王就筑了黄金台，以老师的礼节对待郭隗。果然，不久天下英才纷纷投奔，燕国从此强大起来。

李白一而再再而三地引用这个典故，就是希望有一个像燕昭王那样的人来重用他，使他一展宏图。现在"燕昭王"来了，那就是永王李璘，他怎么会不兴高采烈地投奔呢？

而且，从李白的内心世界看，他是希望天下大乱的。他盼望天下大乱，以便在乱中可以发挥他的纵横之术。他早就意识到，他从小在大匡山从东岩子那里学来的本领，那一套纵横术的奇才，在天下太平时，是无法施展的，而到天下大乱时才能大展宏图。在安史之乱之前，他就在《赠宣城赵太守悦》中说：

> 溟海不震荡，何由纵鹏鲲。

意思是大海如果没有风暴，大鹏鸟怎么飞得起来。然而，唐朝毕竟不是群雄逐鹿的战国时代了。有人说，李白这是为国、为民，是被逼而为的，恐怕这是为李白开脱的话。为国为民或许有之，被逼之说是没有根据的。李白迎之唯恐不及，哪里还需要胁迫呢？加入李璘队伍后，李白的工作是积极主动的，不但出谋划策，而且承担起了宣传鼓动工作的重任。他高兴地写下了《永王东巡歌》，这是李白诗集中少有的组歌，也是我国历史上少有的军歌。他歌颂永王，把他说成是贤王：

> 二帝巡游俱未回，五陵松柏使人哀。诸侯不救河南地，更喜贤王远道来。

他用最华美的词句，有声有色地歌颂李璘的军队，把李璘军队说成是堂堂正正、秋毫不犯的正义之师：

> 雷鼓嘈嘈喧武昌，云旗猎猎过寻阳。秋毫不犯三吴悦，春日遥看五色光。

而且他一再表示：只要重用我，我一定能为你立大功：

> 三川北虏乱如麻，四海南奔似永嘉。但用东山谢安石，为君谈笑静胡沙。

李白可谓一腔热血，都献给了李氏一家。可惜，糟就糟在他太冒失了。在这场父子、兄弟的斗争中，李白站错了队，犯了路线错误。既然肃宗已称帝，怎么能允许他人另立山头，拥兵自重。即使是玄宗当朝，也不允许你擅自扩大地盘东进金陵。

这时"肃宗闻之，诏璘令还觐上皇于蜀，璘不从"——李亨要李璘"入蜀觐帝"，就是说让他到四川去陪父亲。然而李璘在江南想搞独立，拒绝了命令，九月到江南，"召募士将数万人恣情补署，江淮租赋山积于江陵""富且强遂有窥江左之意"（《旧唐书》）。于是肃宗派李希言去责问为什么东下，且直呼其名。

当李亨命令李璘到四川去陪他父亲遭到拒绝后，便发动围剿。而围剿的司令官（淮南节度使）恰巧是李白以前的好朋友高适。不到一个月，李璘就兵败被杀。

在讨伐前，一些有头脑的李璘部下早就纷纷倒戈或逃走，可傻乎乎的李白却还跟着起哄，直到完全失败才逃跑。结果被抓，被关进浔阳（九江）监狱中。

李白还是第一次受牢狱之苦，他的忧愤可想而知。其实他并没有反皇帝的意思，他还以为可以去打安禄山，为国出力，他根本搞不清李家兄弟之间的矛盾。他实在不懂政治。他只能呼天抢地、痛哭流涕。

在《上崔相百忧章》中他痛苦地写道："共工赫怒，天维中摧。鲲鲸喷荡，扬涛起雷。鱼龙陷人，成此祸胎。火焚昆山，玉石相磑。"李白进了浔阳大狱，消息传出，人们纷纷指责，认为他是罪有应得。连好朋友杜甫，也没有为他辩护，他给我们留下了《不见》这首沉痛的诗篇：

不见李生久，佯狂真可哀。世人皆欲杀，我意独怜才。敏捷诗千首，飘零酒一杯。匡山读书处，头白好归来。

大意是好久不见你李白了，你猖狂的样子实在是很可悲。世人都说你是该杀，可唯有我怜悯你，为你的才华而可惜。你那敏捷的诗才，你那喝酒的姿态，时时浮现在我的眼前。如果有幸被释放，我劝你还是回到大匡山，好好读书去吧。

这是一个好朋友的真诚劝告。在这首诗里，杜甫也没有为他辩护，在杜甫的眼里李白确实有罪：我所怜惜的，不过是他的"才"。

那么，李白入了狱，到底结局如何？裴敬（他的祖父裴政是李白的好朋友，为竹溪六逸之一）在《翰林学士李公墓碑》中写道：

又尝有知鉴，客并州，识郭汾阳于行伍间，为免脱其刑责而奖重之，后汾阳以功成官爵，请赎翰林，上许之，因免诛，其报也。

这段话的意思是郭子仪救了他。郭子仪在太原时曾受过李白的恩惠，当时他还是一个小兵，现在他是平叛的功臣，救李白是有能力的。有人说李白曾救过郭似不可信，因为李白出山时，郭已中武举人。也有人说是郭子仪重其才。但无论如何，李白终究被释放了。

在狱中，李白写了两首诗，反映了他当时的心态：

万愤结缉，忧从中催。金瑟玉壶，尽为愁媒。举酒太息，泣血盈杯。台星再朗，天网重恢。屈法申恩，弃瑕取材。冶长非罪，尼父无猜。覆盆傥举，应照寒灰。（《上崔相百忧章》）

南冠君子，呼天而啼，恋高堂而掩泣，泪血地而成泥。狱

户春而不华，独幽怨而沈迷……好我者临我，不好我者何忍临危而相挤。"最后又呼天喊地："自古豪烈，胡为此繫，苍苍之天，高乎视低，如其听卑，脱我牢狴，傥辨美玉，君收白珪。（《万愤词投魏郎中》）

李白很少，甚至几乎没有写诗提到过他父母、兄弟，这里是少有的一次，也有后人考证，"高堂"在这里指朝廷。总之，他是在求人保释。同时，他还写文章为自己洗刷开脱：

避地庐山，遇永王东巡胁行，中道奔走，却至彭泽，具已陈首。（《为宋中丞自荐表》）

在这里要介绍一个重要人物，他曾经也是李白的好朋友，他就是写出"千里黄云白日曛，北风吹雁雪纷纷。莫道前路无知己，天下谁人不识君。"的著名边塞诗人高适。高适、杜甫、李白三人是好朋友，杜甫在长安被叛军扣压"陷贼长安"，李白则成了阶下囚。高适地位显赫，既是御史大夫，又是扬州大都督府长史，还是淮南节度使。然而这时候，他并没有出来救李白，只作壁上观。李白却幼稚地认为老朋友会讲交情，还要向高适推荐别人，写了一封信给高适：《送张秀才谒高中丞》，前半篇推荐张秀才，后半篇求情，在诗中还不断赞美高适，说高适真了不起：

高公镇淮海，谈笑却妖氛。采尔幕中画，戡难光殊勋。

我无燕霜感，玉石俱烧焚。但洒一行泪，临歧竟何云。

最后一句："但洒一行泪，临歧竟何云。"意思是只能对着你流下一行泪，临别说不出话来。意思很明白，希望高适施以援手，诗里李白称比他小的高适为"高公"，可见，李白也能感觉到他们之间的距离。

果然，高适没有救他。不久高适调走，到了洛阳、长安、彭州，又去了成都。杜甫当时正在成都，在那里高适帮了杜甫很大的忙。

高适对李白与杜甫的态度是不同的，高适在诗里很少提到李白，却多次提到了杜甫。帮助李白出狱还有一个人，那就是宋若思。宋若思，御史中丞，正好管辖此地，李白绝处逢生，做了他的幕府。这是李白代宋若思写的《为宋中丞自荐表》：

臣伏见前翰林供奉李白，年五十有七。天宝初，五府交辟，不求闻达，亦由子真谷口，名动京师。上皇闻而悦之，召入禁掖。既润色于鸿业，或间草于王言，雍容揄扬，特见褒赏。为贼臣诈诡，遂放归山，闲居制作，言盈数万。

刚出监狱，李白又充满自信，张狂起来了。他重拾信心，说自己："五府交辟，不求闻达"；说自己"名动京师，特见褒赏"；说自己"闲居制作，言盈数万"。

李白经历了这么多的磨难，仍"不坠青云之志"，快六十岁了，仍对前途充满自信，仍是那么天真，富于童心，无论受什么挫折都不折不挠，希望人生重新开始，就这一点而言确实难能可贵。这也许就是盛唐精神吧。

然而，前面迎接李白的又是什么呢？也许是这封推荐信反而帮了倒忙，它提醒了肃宗，李白入叛军的历史到底没有放过

李白，仍把他流放到夜郎，就是现在的贵州遵义一带。在流放的途上，因为天下大旱，肃宗决定大赦天下以祈福。李白半途中就被释放回家，归途上还写下了一首著名的诗：

朝辞白帝彩云间，千里江陵一日还。两岸猿声啼不住，轻舟已过万重山。（《早发白帝城》）

此时，摆在遇赦的李白面前有两条路，一条是听从杜甫的话，回大匡山；一条是找他的妻子儿女，隐居起来。然而，这两条路李白都没有选择。李白的脑海里，思考着的是另一条路。

那么，李白的路在何方？

任侠与豪气

深入李白的生活，就会发现，李白的诗歌之所以那么气势磅礴，与他的性格中的任侠和豪气密切相关，甚至和他学道求仙的经历也有很大的关系。

梁启超在谈到改造中国时说，中国之所以落后就是因为暮气沉沉，没有少年人的朝气，他希望中国成为一个少年的中国，抱有希望，有理想、有自信、有豪气，进取、日新、破格、好行乐、常思将来，有常觉一切事无不可为的气质。

他说，如果从小就规规矩矩，明哲保身，不相信别人，老气横秋，何来狂狷豪迈之气，何来风流洒脱的风骨？从来没有过少年轻狂经历的青春少年，是不完整的青春少年；从来没有过幻想、梦想的人生是不完整的人生。就像从来没有炫耀过语言的写手，不可能成为大作家一样。这种朝气、这种自信、这种开放，在李白身上表现得特别突出。他的诗文中也大力赞扬过这种冒险精神：

黄河西来决昆仑，咆哮万里触龙门。波滔天，尧咨嗟。大禹理百川，儿啼不窥家。杀湍堙洪水，九州始蚕麻。其害乃去，茫然风沙。被发之叟狂而痴，清晨临流欲奚为。旁人不惜妻止之，公无渡河苦渡之。虎可搏，河难凭，公果溺死流海湄。有长鲸白齿若雪山，公乎公乎挂胃于其间，箜篌所悲竟不还。(《公无渡河》)

"公无渡河"讲的是一个悲壮的故事，见于古乐府《箜篌引》，为朝鲜津卒霍里子高妻丽玉所作。有一天，"子高晨起刺船而濯，有一白首狂夫，披发提壶，乱流而渡，其妻随呼止之，不及，遂坠河水死。于是援箜篌而鼓之，作《公无渡河》之歌，声甚悽怆，曲终，亦投河而死。子高还，以其声语妻丽玉。丽玉伤之，乃引箜篌而写其声，闻者莫不坠泪饮泣。丽玉以其声传邻女丽容，名曰《箜篌引》焉"。

李白在诗里借"公无渡河"的故事，肯定那一类敢于冒险、敢于复仇、不惜生命的侠士。他曾多次提到年轻时爱打抱不平、伸张正义的事，他更佩服像鲁仲连、聂政、荆轲、剧孟这样的英雄。

龙马花雪毛，金鞍五陵豪。秋霜切玉剑，落日明珠袍。斗鸡事万乘，轩盖一何高。弓摧南山虎，手接太行猱。酒后竞风

采，三杯弄宝刀。杀人如剪草，剧孟同游遨。发愤去函谷，从军向临洮。叱咤经百战，匈奴尽奔逃。归来使酒气，未肯拜萧曹。羞入原宪室，荒径隐蓬蒿。(《白马篇》)

剧孟，汉朝人，任侠好斗，当时人认为没有剧孟参加，什么大事都办不成。李白还有一首诗中也提到了剧孟：

紫燕黄金瞳，啾啾摇绿骢。平明相驰逐，结客洛门东。少年学剑术，凌轹白猿公。珠袍曳锦带，匕首插吴鸿。由来万夫勇，挟此生雄风。托交从剧孟，买醉入新丰。笑尽一杯酒，杀人都市中。羞道易水寒，从令日贯虹。燕丹事不立，虚没秦帝宫。舞阳死灰人，安可与成功。(《结客少年场行》)

诗中的少年是多么讲义气，《结袜子》中说：

燕南壮士吴门豪，筑中置铅鱼隐刀。感君恩重许君命，太山一掷轻鸿毛。

《侠客行》并没有说写的是谁，有人说这是写李白的父亲。李白一生只有在"大人令余读子虚赋"一句话中提到父亲，其实他心中是有恋父情结的，也许是他父亲的事不便说，便只能在诗歌中寄托了自己的思念：

赵客缦胡缨，吴钩霜雪明。银鞍照白马，飒沓如流星。十步杀一人，千里不留行。事了拂衣去，深藏身与名。闲过信陵饮，脱剑膝前横。将炙啖朱亥，持觞劝侯嬴。三杯吐然诺，五岳倒为轻。眼花耳热后，意气素霓生。救赵挥金锤，邯郸先震惊。千秋二壮士，烜赫大梁城！纵死侠骨香，不惭世上英。谁能书阁下，白首《太玄经》。

你看，这位侠士是何等英武！这"赵客"，也许正是"李客"的隐喻，代称。如果我们真把这首诗理解为写他父亲，那么我们可以看到李白对他的父亲是多么崇拜，有着多么深厚的感情！如果我们假设李白的父亲是一个"十步杀一人，千里不留行；事了拂衣去，深藏身与名"的罪犯，那么李白的很多吞吞吐吐、互相矛盾、扑朔迷离的语言就不难理解了——可能有着难言的隐情。

不过，也有人说，这位侠客是李白自己的写照。那么，我们可以从中看到李白其人的品格与经历。如果写的另有其人，那么，我们也同样可以看出，李白对他的崇拜。

总之无论是写谁，都能看出李白的所爱、所求，以及李白的价值取向。李白的任侠之风，在当时人的文字中，在李白自己的诗篇中，都有记载。刘全白《李君碣记》说他："少任侠，不事产业，名闻京师。"意思是李白年轻时是个侠客，没有任何职业，因为任侠而在京都出了名。

范传正《李公新墓碑序》中有载：少以侠自任。他心目中英雄都是些一诺千金的刺客。"感君恩重许君命，太山一掷轻鸿毛"，只要你对他好，他就可以为你去死。

他自己在诗里还记录过这样一个故事：

风流少年时，京洛事游遨。腰间延陵剑，玉带明珠袍。我昔斗鸡徒，连延五陵豪。邀遮相组织，呵吓来煎熬。君开万丛人，鞍身皆辟易。告急清宪台，脱余北门厄。（《叙旧赠江阳宰陆调》）

故事是说有一次，他腰里佩着剑，身上披着锦袍，路上遇到一群小流氓，围住恐吓他。李白也有点怕了，结果来了一个好汉陆调，将"万丛人"分开，把他救了出来。这个事件，前因后果不明，但可知并非什么排难解纷、风骨凛然的高义行为，不过是不良少年之间的争风吃醋、斗殴打群架而已。

从李白的诗句中看，他似乎真的杀过人，而且还颇为自豪。魏万的《李翰林集序》中说他"少任侠，手刃数人"，很可能是根据李白的自述推断出来的：

脱身白刃里，杀人红尘中。当朝揖高义，举世称英雄。(《赠从兄襄阳少府皓》)

笑尽一杯酒，杀人都市中。(《结客少年场行》)

十步杀一人，千里不留行；事了拂衣去，深藏身与名。(《侠客行》)

杀人如剪草，剧孟同游遨。(《白马篇》)

但在学术界，有些人否认李白杀过人，理由是李白爱说大话、爱吹嘘，如此写诗为的是表示他的豪气，如果真的杀过人，唐朝法律是决不会姑息的。

这话有一定道理，但笔者觉得李白也有其自身特殊的情况。唐朝法律是很严厉的，杀人要偿命。武则天时，有一个叫徐元庆的为父复仇，"手刃仇人"。陈子昂在议论此事时说："宜正国之法，置之以刑。"然后"旌其闾墓，嘉其徽烈"。意思是说，他为父报仇，其义可嘉，其情可谅，但杀还是要杀的，杀了后再为他立墓，表扬他的行为。

还有一件事，据《资治通鉴》载：侍御史杨汪杀了一个名叫张审素的人，后就更名为万顷。张审素的两个儿子，当时还年幼，因受牵连，被流放到边疆，不久逃回来，伺机复仇，在都城杀了万顷。杀了万后，还自己张榜写大字报说是为父申冤。后来官方讨论的结果认为，他父亲是枉死的。这两个孩子这么小，能如此了不起，应该从宽。当时宰相张九龄就是这个观点。但李林甫不同意，玄宗也不同意，对张九龄说："孝子之情，义不顾死，然杀人而赦之，此涂不可启也。"意思是这个先例不能开，于是命令河南府杖杀之。当时老百姓还都纷纷不平，捐钱给他们下葬。

可见，当时国法相当之重。那么为什么李白杀了人还若无其事，还敢对人讲，并且写在诗里呢？这就值得研究。一种可能是他确实没有杀人，所以敢讲，这种可能也不能排除。还有一种可能是真的杀了人，但是已经过了追溯期，所以敢讲。

不过，无论哪一种，都是法制观念薄弱的表现，或者说，在李白眼中根本就没有法制观念。

无论李白是否杀了人，他却要到处炫耀自己杀人，他崇拜杀人者，他欣赏杀人者，连女人杀人他也赞赏不已。请看他的《秦女休行》：

西门秦氏女，秀色如琼花。手挥白杨刀，清昼杀雠家。罗袖洒赤血，英声凌紫霞。

把杀人事件写得如此漂亮，也只有李白了。

不过，在唐朝律法如此严格的情况下，这终是一种蔑视法

制、不知法制为何物的行为。为此，连他的朋友们都不理解他，他的好朋友杜甫也说他"飞扬跋扈为谁雄"，你这样飞扬跋扈、杀人斗殴，称什么英雄！

总之，可以说李白在青年时代是一个爱酗酒、爱闹事的自由散漫之人。今天也还是有类似情况的。我们不必为贤者讳，我们也不必为能者讳！

婚姻与儿女

李白是凉武昭王李暠之后，祖上陇西人，是多元文化的家庭。他 5 岁到四川，25 岁远游。父亲李客，据他说后来隐居山林，不事宦达。李白出川后，再也没回去过，一生留下了近一千首诗文。没有提到过他母亲，提到父亲也只有一次，他也许有一个哥哥，一个弟弟（也许是两个），不知叫什么，也只提过一次，他还有一个妹妹，叫李圆月，他自己也没提到过。

一个人对待婚姻的态度也可以反映出他的思想、追求，甚至性格特点。那么，李白的婚姻情况到底如何？他结过婚吗？结过几次婚？他的妻子是谁？夫妻关系怎么样？生了几个孩子？孩子的情况如何？这都是我们了解李白思想性格的重要方面。可惜，相关历史记载实在太少了，好在，我们前面提到的那个李白的追星族魏颢写的《李翰林集序》中有记载。魏颢又名魏万，曾到处追踪李白几个月，见面后李白就赞他前途无量，说他将来必得大名，还对他说：你发达后，不要忘了我和我的儿子。后来此人果然中了进士。他在为李白编的集子中有这样一段话：

> 白始娶于许，生一女，一男曰明月奴，女既嫁而卒。又合于刘，刘诀，次合于鲁一妇人，生子曰颇黎。终娶于宗。

魏万是李白同时代人，李白又托他编集子，对李白的了解应该比其他人更真实可信，他的这段话是关于李白婚姻和子女的权威性的记录。从这段记录中，我们获得了许多重要信息：李白结过四次婚，两次是正式的，用一个"娶"字，两次是一般的同居，用一个"合"字。不过魏万的话也有误导，从他的话中，我们只看到李白是"娶"了老婆，而事实并非如此。李白的两次正式婚姻都不是"娶"而是"赘"，即入赘。在当时社会，入赘是很不体面的事，《说文》：赘，质也。就是"人质"，家里穷，没钱娶老婆，没有聘礼，就把自己当聘礼、当人质，送到女家，往往是先到女方做家奴、奴仆，然后升为女婿，他的地位仅高于"家奴"。当然李白不是这样，是直接入赘做女婿的。

魏万故意讳避了这个"赘"字，笼统地说"娶"，这是因为敬重李白，为尊者讳。可是，李白自己在文章中却并不避讳，大大方方地说自己是入赘，他在给安州裴长史的信中，说："许相公家见招，妻以孙女，便憩迹于此，至曰移三霜焉。"他用的是"见招"两字，"见招"就是"入赘"的意思。这个招字说得很明白，说明李白对"见招"没有什么心理障碍，不以为羞耻。

那么，李白为什么会不在乎做上门女婿，还大大方方地讲出来呢？这与他的观念有关，也与他的出身以及文化背景有关，李白从小生活在多元文化家庭，对中原文化中这样的习俗没有切身的感受。在男女婚姻关系上，李白是很开放、很平等的。李白从偏远的四川来到中原地区，举目无亲，要升迁、发达，在李白看来只要有机会让他一展才华，实现他的济苍生、安社稷的理想，招女婿又有什么关系。

李白两次所找的岳家，都是较有名望的，第一家是我们前面说的许家，祖父许圉师是武则天时期的相爷。第二位宗氏，祖父宗楚客也曾三次拜相，宗楚客是武则天从姐的儿子，两次靠家庭背景升迁，后因贪赃枉法而罢官。第三次拜相是因为迎合玄宗姑妈韦氏与武三思。后来，唐玄宗起兵诛灭韦氏，宗楚客也受制裁，身名狼藉，甚至有卖国之嫌，可谓劣迹斑斑。但奇怪的是李白却全然不计较这些，仍看重她是相门之女。李白非常功利，同时又非常天真，以为靠了这个对他发展有利，于是不顾社会舆论。不仅如此，还要为岳家大唱颂歌，大肆炫耀：

君家全盛日，台鼎何陆离。（《窜夜郎于乌江留别宗十六璟》）

妾家三作相，失势去西秦。（《自代内赠》）

最可笑的是说岳家老人是活菩萨、活观音，他这样做的实际效果却并不好。李白每到一处，总有很多风言风语，恐怕也与此有关。

可是毕竟是赘婿，有人以此讽刺李白，于是李白在供奉翰林后，曾有诗云：

当时笑我微贱者，却来请谒为交欢。（《赠从弟南平太守之遥二首》）

当时人凭什么笑他微，笑他贱？大概就因为这个原因吧。至于他到宗家是不是算招女婿，史界也有一些争议，但从他与宗氏的妹妹和弟弟宗璟生活在一起的情况看，他的入赘是没有疑问的。

从李白能勇于做并承认做赘婿这一点看，说明：（一）他确实出身低微，没有靠山；（二）他对功名的强烈欲望，为此可以不顾一切；（三）他的出身，李白受胡人文化影响，对赘婿这种观念与中原地区人不同，有些少数民族就是男方到女方家去生活的。李白生活在各种文化交融的地区，受儒家思想约束较少。

开元十五年（727年），李白与许氏在安陆成亲。成亲以后，李白过了一段相对稳定的生活，就是他自己所说的"酒隐安陆，蹉跎十年"。这十多年中，他基本上生活在湖北安陆，虽然绝大部分时间仍在"名山游"，但还算是"常回家看看"的。

许家小姐不愧为相门之女，是一个有才有貌、很高文化修养的大家闺秀。婚后有好多关于他们夫妻的故事。据宋长白的《柳亭诗话》记载，有一次李白写了一首《长相思》给夫人看，最后一句诗是："不信妾断肠，归来看取明镜前。"这位相门小姐看了微微一笑，说，你听读过武后的诗吗？我背给你听：不信比来常下泪，开箱验取石榴裙。李白本来想在夫人面前炫耀一下自己的才华，反被看出模仿的痕迹。由此可见这位相门之女非同寻常。

李白与许氏生了一女一男。女孩叫平阳，出嫁后不久便死了。男孩叫明月奴，郭沫若在《李白与杜甫》中认为，这个名字很怪，不像男孩名，应该是平阳的小名，于是认为这句话有漏字，原文应该是"娶于许，生一女，一男，女曰明月奴"。他加了一个"逗号"，再加了一个"女曰"。其实。李白是受西域文化影响，取名自然不同。明月奴意思是像月亮一样明亮的小家伙（奴是昵称）。明月奴，又名伯禽，他姐姐叫平阳。平阳是汉武帝姐姐的名，后寡，再嫁大将军卫青，能歌善舞。李白也不在乎她是个寡妇，同样给孩子用这个名字。他只是希望自己的孩子，能长得像平阳公主那么漂亮，能歌善舞。这也与中原汉人不同，对寡妇名字也不忌讳。他小儿子的名字颇黎也很有特点，其实就是"玻璃"的谐音，可能是希望孩子像水晶一样明亮，从起名也可知李白受西域影响之大。

许夫人大概死于开元二十八年（740年），当时李白40岁，还正在南阳游玩。上文我们已经提到，李白在诗里没谈到过父母亲，文章中只提到过父亲一次，说父亲曾叫他读《子虚赋》。也只有一次提到兄弟，这与杜甫常常把父母兄弟姐妹放在嘴上不同，苏东坡更是和父母、弟弟的关系亲密。但李白的诗文中多次提到了儿女：天宝七载（748年）春，这时李白与儿女相别已近三年。写了一首诗《寄东鲁二稚子》（他的稚子是托给信仆丹砂夫妇照顾的）：

吴地桑叶绿，吴蚕已三眠。我家寄东鲁，谁种龟阴田？春事已不及，江行复茫然。南风吹归心，飞堕酒楼前。楼东一株桃，枝叶拂青烟。此树我所种，别来向三年。桃今与楼齐，我行尚未旋。娇女字平阳，折花倚桃边。折花不见我，泪下如流泉。小儿名伯禽，与姊亦齐肩。双行桃树下，抚背复谁怜？念此失次第，肝肠日忧煎。裂素写远意，因之汶阳川。

不见孩子们已整整三年，门前的桃树该长得和房子一样高了吧。他想象女儿一定在思念自己，见不到自己，"泪下如流泉"。

另有一首《送萧三十一之鲁兼问稚子伯禽》：

我家寄在沙丘旁，三年不归空断肠。君行既识伯禽子，应驾小车骑白羊。

又是三年没回家了，儿子伯禽想必能够驾着小车骑白羊了。由此可见，李白虽然长年不在家，心里还是惦记着儿女们的。李白的儿子伯禽长大了以后似乎也未参加科举，而且与乃父一样也喜欢云游天下。他也有一个儿子两个女儿，这位李白之孙，也有祖父之风，爱浪迹天涯。

李白死后55年，有一位地方官，就是本书一开始就提到的范传正，也是李白的崇拜者和世交，到处寻访李白后代，找到了他的两个孙女，从他们那儿得到了李白儿子伯禽留下的一张纸片，上有着断言残句。

李白的两位孙女境况一般，都嫁给了农民，一个叫刘劝，一个叫陈云。范传正看她们生活太苦，要她们改嫁，她们说了一段动人的话，大意是她们在困难的时候嫁到了这里，怎么可以靠官府的势力，改变命运。还说她们还有个哥哥（也就是李白的孙子），十二年前就云游天下，不知所终。两位孙女希望能

将李白墓移葬龙山，即谢朓生活过的地方，以实现李白生前愿望。范传正都照办了，还免了她们的劳役、赋税。但是，再过六年，有人来扫墓时，李白墓已很荒芜，墓草已很长了，可见孙女也不在了。

李白最后一任妻子宗氏，是前宰相宗楚客的孙女。这个女子大约是李白五十岁左右结合的，也跟了李白好多年，后来跟李白上庐山，李白入狱流放时，她与家人还极力营救。李白被赦后，可能又见过一面，后来李白又想去参加李光弼的军队，从此再没见面。

另外，李白还有两个妾，那个姓刘的女子，据说是不守妇道，"不贤"，因为李白长年不回家，就离开了。

李白很气愤，写了一首《雪谗诗赠友人》斥骂这个女人，说：

彼妇人之猖狂，不如鹊之强强；彼妇人之淫昏，不如鹑之奔奔。坦荡君子，无悦簧言。

言辞激烈，这样斥骂自己妻子的诗，大概在我国诗坛上，也是独一无二的。作为丈夫，李白自己也说过，他不是一个好丈夫，他自己说：

三百六十日，日日醉如泥。虽为李白妇，何异太常妻。（《赠内》）

李白有时似乎也会换位思考，对她的行为也有所理解，他想象她"落花寂寂入青苔"，生活很寂寞，难怪她有怨言。他用"去妇"的口吻写了《去妇词》为这位大胆离去的人妇的行为辩护：

　　古来有弃妇，弃妇有归处。今日妾辞君，辞君遣何去？本家零落尽，恸哭来时路。……幽闺多怨思，盛色无十年。相思若循环，枕席生流泉。……及此见君归，君归妾已老。物情恶衰贱，新宠方妍好。……岁华逐霜霰，贱妾何能久。……余生欲何寄，谁肯相牵攀？……

他站在女方的立场说话：你不回家，我也有权利走。从这里倒也可以看出李白有男女关系较为平等的观念。李白还进行了自我反省，他在诗的最后写道：

　　忆昔初嫁君，小姑方倚床。今日妾辞君，小姑如妾长。回头语小姑，莫嫁如兄夫。

诗中，他站在对方的立场上，模拟去妇的口吻对小姑说："今后你嫁人，可千万不要嫁给像你哥哥那样的人啊。"如果说那位挨骂的"去妇"还有个姓氏，我们还知道她姓刘，那么，李白在山东的那位妾，就连姓都不为人知了。这位"鲁一妇人"，为李白生了一个儿子，就是颇黎（玻璃），取其纯净闪亮之意。又有个小名叫天然，希望他自由自在地成长。李白给自己的孩子取名，就像他的诗句，是很有个性的。可惜，李白不久就又要远走高飞，从此与家人天各一方，再也没有相见。颇黎（玻璃）的命运，也成了一个永久的谜。

　　李白的婚姻与子女见下：

　　李白许氏伯禽女（嫁刘劝）

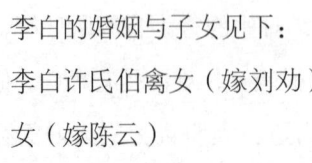

　　女（嫁陈云）

男（不知所终）

平阳（嫁而卒）

刘氏鲁一妇人颇黎（玻璃）（不知所终）

有趣的是，一千多年后的今天，有人说找到了李白的后代，而且可以用 DNA 检测，实在是令人难以置信。

李白与他诗中的女性

李白云游天下，大部分时间不回家，除了游山、玩水、求仙、学道、写诗，平时干些什么呢？

他平时爱喝酒，也赌博，也携妓，也打架，"莫言黄金买醉归""连呼五白行六博""分曹赌酒酣驰晖"。当然也读书、写诗，以诗交友。

他整年整月不在家。除了四次婚姻，李白的身边是不缺少女人的，他的诗歌全集里，写女人的诗占了很大的篇幅。王安石说他的诗集里十之八九是女人与酒，虽说是夸大的说法，却也不是没有道理的。不过通常选本中不选，也许是为了爱护、维护李白的形象我们研究李白，就要"知人论世"，还原一个真正的李白，并且真正理解李白，走近李白，就要全面地了解他。这其实也无损于他的形象。我们不能用今天的道德标准和行为规范来衡量李白，衡量一千三百多年前的唐代。

但是，我们有权利知道真实、全面的李白。为此，笔者不妨引几句李白的诗，并稍加评点："吴儿多白皙，好为荡舟剧。卖眼掷春心，折花调行客。"诗中显露出李白很了解女人的心理。"美酒樽中置千斛，载妓随波任去留。"美酒樽中长不空，带着歌妓到处转。"相思相见知何日，此时此夜难为情。"很会讨对方欢喜。"何日重相逢，灭灯解罗衣。"两性写得很露骨。"葡萄酒，金叵罗，吴姬十五细马驮。青黛画眉红棉靴，道字不成娇唱歌。玳瑁筵中怀里醉，芙蓉帐底奈君何。"描摹得很细很具体。"人生达命岂暇愁，且饮美酒登青楼。""平头奴子摇大扇，五日不热疑清秋。"天天登青楼，到 KTV 包房，有人给他打扇子，大热天就像秋天那么凉爽。"君不见淮南少年游侠客，白日毬猎夜拥掷。"白天打猎踢球，晚上赌博。"朝共琅玕之琦食，夜同鸳鸯之锦被。"吃的是玉食，睡的是绣着鸳鸯的锦被。"呼卢百万终不惜"，赌，输了百万也不可惜。"报仇千里如咫尺。"有时还要闹事，到很远很远的地方去找仇人算账。"少年游侠好经过，浑身装束皆绮罗。"每天穿着时髦华丽，招摇过市。"兰蕙相随喧妓女，风光去处满笙歌。"后面总是跟着一群漂亮的女人，叽叽喳喳，一路欢笑一路歌。

　　总而言之，李白诗中的生活是白天打猎、打球，晚上要么赌博，一掷千金，要么与女人厮混，要么去闹事、去报仇。他身上穿着绮罗，后面跟着一帮女人，吹吹打打，好不风光。不仅如此，"好鞍好马乞与人，十千五千旋沽酒。"到手的钱再多也立刻一挥而尽，有时还用马来换酒。"赤心用尽为知己，黄金不惜栽桃李。桃李栽来几度春，一回花落一回新。府县尽为门

下客，王侯皆是平交人。"在游乐场上王侯与我也是平等的，在游乐场上的朋友才是赤心的知己。"男儿百年且乐命，何须徇书受贫病。"只要活得快乐，还读什么书呢？"男儿百年且荣身，何须殉节甘风尘。衣冠半是征战士，穷儒浪作林泉民。"意思是做个穷儒生，还不如去当兵。"遮莫枝根长百丈，不如当代多还往。"家庭出身好，还不如朋友好。"遮莫亲姻连帝城，不如当身自簪缨。"亲戚好，不如自己好。"看取富贵眼前者，何用悠悠身后名。"只要眼前富贵，何必在乎身后名声。

还有一篇《少年行》中说："五陵年少金市东，银鞍白马度春风。落花踏尽游何处，笑入胡姬酒肆中。"《少年子》："青云少年子，挟弹章台左。鞍马四边开，突如流星过。金丸落飞鸟，夜入琼楼卧。夷齐是何人，独守西山饿。"那些讥笑饿死西山的隐士，哪比得上我天天快活得像个神仙。《东山吟》："携妓东土山，怅然悲谢安。我妓今朝如花月，他妓古坟荒草寒。"时不我待，你看，携妓东山的谢安墓上的草都枯了，还是及时行乐要紧。

下面这首诗更是具体地写出了他的一次追逐异性的过程：

朝骑五花马，谒帝出银台。秀色谁家子，云车珠箔开。金鞭遥指点，玉勒近迟回。夹毂相借问，疑从天上来。……衔杯映歌扇，似月云中见。相见不得亲，不如不相见。相见情已深，未语可知心，胡为守空闺，孤眠愁锦衾。……光景不待人，须臾发成丝。当年失行乐，老去徒伤悲。……（《相逢行》）

路上遇到了一个漂亮的女子，赶紧上去搭讪，对方态度有了一点松动，立刻提出进一步的要求。还劝说她，不要独守空房，应该及时行乐。这样不厌其烦地津津乐道追逐女性的情节，也是古代诗歌中也是不多见的。

总之，如此露骨、率真的诗，可见在当时，在李白看来是很正常的事，没有什么值得羞耻而要掩盖的。他的"粉丝"魏万也说他："间携昭阳金陵云妓。"李白说自己一年之内，"散金三十万"恐怕大多是用在女人以及喝酒上吧。

盛唐社会开放，是反映在各个方面的，男女生活观念的开放，必然影响思想、文化、政治、经济上的开放。对此，不能简单地说成是道德品质问题，如果用我们现在的标准看，那么李白简直成了流氓、色鬼、赌汉、酒徒，是一个极端功利的追求者、享受主义者。但在当时的历史文化背景下就很正常。

我们也许并不赞成他的这种生活态度，但不能不承认，这些张扬人性的最基本的东西，是盛唐时期社会开放的一种直接反映。

李白的朋友们

李白、杜甫可以说是唐朝诗坛两颗最灿烂的星辰。他们能取得如此高的成就，不仅因为他们个人的努力，更重要的是他们生活在一个崇尚诗歌的时代。

　　鲁迅说，诗到唐朝已做完了，这话虽然有些绝对，但也不是没有道理的。每一个时代都有其他时代不可超越的地方。因为唐朝皇帝的提倡，科举加入了诗歌的内容，所以诗歌在唐朝知识分子中得到空前的重视。钱起在科考时，被要求写"湘灵鼓瑟"，留下了名句"曲终人不见，江上数峰青"。不但一般知识分子会写诗，连皇帝也写得极好，《唐诗三百首》第一篇便是唐玄宗的诗。武则天也会诗，据说有一年冬天，她心血来潮，要去御花园赏花，也写了一首诗：

　　明日游上苑，火速报春知；花要连夜放，不须待东风。

这首诗把她专横跋扈、为所欲为的帝王作风刻画得淋漓尽致。与李白交往的朋友中几乎个个能诗善文。李白的朋友，最老的要算贺知章，他当时80岁，比李白长40多岁，贺写过"少小离家老大回，乡音未改鬓毛衰，儿童相见不相识，笑问客从何处来。"他是京城里的大官，推荐李白到长安也有他的功劳。贺知章还是长安八仙之一，即八个酒仙之一。杜甫的《饮中八仙歌》第一个就写他：

　　知章骑马似乘船，眼花落井水底眠。

意思是说贺知章这位老先生喝醉了酒，骑在马上，就像坐在船上摇摇晃晃，不小心眼睛一花，掉到井里，就会在水里睡着了。贺老先生见到李白第一天，就把自己身上的金龟拿下来换酒喝。可惜，李白到长安的第二年，贺老就退休了，回到浙江绍兴。李白写诗送他：

　　镜湖流水漾清波，狂客归舟逸兴多。山阴道士如相见，应

写黄庭换白鹅。(《送贺宾客归越》)

《黄庭经》换白鹅的故事是讲王羲之，这里说，你到鉴湖也可以常常享受白鹅的滋味了。后来，李白想去绍兴看望贺知章，千里迢迢来到了绍兴，却知贺知章已在两年前去世了，李白写下了两首很动情的诗，以感激贺知章知遇之恩的：

四明有狂客，风流贺季真。长安一相见，呼我谪仙人。昔好杯中物，翻为松下尘。金龟换酒处，却忆泪沾巾。

狂客归四明，山阴道士迎。敕赐镜湖水，为君台沼荣。人亡馀故宅，空有荷花生。今此杳如梦，凄然伤我情。(《对酒忆贺监二首》)

"金龟换酒处"，指的是贺知章第一次见到他时，身边没带钱，就用金龟换酒，招待李白。"敕赐镜湖水"是指贺知章退休时，皇帝把鉴湖都赐给了他。这是何等荣耀！孟浩然比李白大12岁，和李白也是忘年交。孟浩然的《春晓》，几乎人人会背：

春眠不觉晓，处处闻啼鸟。夜来风雨声，花落知多少。

还有那首有名的田园诗《过故人庄》：

故人具鸡黍，邀我至田家。绿树村边合，青山郭外斜。开轩面场圃，把酒话桑麻。待到重阳日，还来就菊花。

李白有首诗写给孟浩然的，很出名。春花三月，孟浩然要去扬州了，李白写诗相送：

故人西辞黄鹤楼，烟花三月下扬州。孤帆远影碧空尽，唯见长江天际流。(《送孟浩然之广陵》)

孟浩然也是个不拘小节的名士。他曾与韩荆州（即韩朝宗，

时任荆州长史等职）约好去京师。与人喝酒，快到约会时间，对面朋友劝他可以走了，起身了。

　　浩然叱曰，业已饮，遑恤他，卒不赴，朝宗怒，辞行。浩然不悔也。

只要有酒喝，他什么也不顾了。李白还有一首诗《赠孟浩然》：

　　吾爱孟夫子，风流天下闻。红颜弃轩冕，白首卧松云。醉月频中圣，迷花不事君。高山安可仰，徒此揖清芬。

　　对孟浩然的超脱世事、隐居山林，李白不仅佩服，同时也是十分向往的。后来，孟浩然背上生了一个疖子，照理是不能吃海鲜的。他与王昌龄喝酒时，人们劝他不要吃海鲜，他不听，照吃不误，结果旧病复发，死时仅52岁。这些都说明李白的朋友大都是些自由散淡、无拘无束的人。

　　王昌龄也是李白的好朋友，说到王昌龄，大家一定很熟悉。李白有首特别著名的送别诗《闻王昌龄左迁龙标遥有此寄》：

　　杨花落尽子规啼，闻道龙标过五溪。我寄愁心与明月，随风直到夜郎西。

龙标在湖南黔县。古人尚右，左迁就是贬官，这是王昌龄去做小县城的公安局长（尉）时李白写的。这首诗表达了朋友之情的深厚。

　　还有一个故事，叫"旗亭听唱"，在民间广为流传。故事是说王昌龄、高适、王之涣三个诗人在饮酒作乐，请歌妓唱歌。三人打赌，看歌妓们唱谁的诗最多？当然唱歌的人事先并不知道他们是谁。一个首先唱道："寒雨连江夜入吴，平明送客楚山孤。洛阳亲友如相问，一片冰心在玉壶。"(《芙蓉楼送辛渐》)是写对友情的纯洁忠贞，这是王昌龄的诗，王大笑："看，一开篇就唱我的诗。"一个接着唱："开箧泪沾臆，见君前日书。夜台今寂寞，犹是子云居。"(《哭单父梁九少府》) 这是高适写的，高适高兴地拍手说："怎么样，我的这悲悲切切的诗也在传唱。"接着一个又唱："奉帚平明金殿开，且将团扇暂徘徊。玉颜不及寒鸦色，犹带昭阳日影来。"(《长信秋词》) 这又是王昌龄的诗，唱了半天，没有唱到王之涣的诗。王之涣不高兴了，说："我现在再点一个最漂亮的姑娘来唱，如果唱的再不是我的诗，我从此不写诗了。"王之涣就是那位写"白日依山尽，黄河入海流。欲穷千里目，更上一层楼。"的大诗人。结果那个姑娘居然唱了一首王之涣的名诗作为压轴："黄河远上白云间，一片孤城万仞山。羌笛何须怨杨柳，春风不度玉门关。"(《凉州词》) 全场叫好。

　　这个故事可见当时唐朝文人都能写诗，都写得好，而且立即被传唱，那些歌女们也有相当的修养，都以诗入歌。李白正是这些诗人中最灿烂、最明亮的一颗星。李白交结的朋友大多有激情、有灵感、会娱乐又有才情。而李白就像是他们中杰出的领唱人，可以说伟大的诗歌时代造就了伟大的诗人，造就了李白。

　　李白个性豪爽，轻财好施，重友情，重交友，这是众所周知的。为了朋友，他真可以两肋插刀。再加上他兴趣广泛、才华出众，所以他的朋友，遍布各个层次、各个领域。除了刚才

说的诗人朋友，上至一品大员，下至道士、农夫、酒店老板，三教九流，无所不有。他在与朋友交往时，也是豪爽、真诚、出手大方。

诗文中，李白也非常推重古代重义气的人，有一首《于五松山赠南陵常赞府》中说："海上五百人，同日死田横。"田横是战国后期的齐国壮士。秦末，从兄起兵，重建齐国，楚汉相争中自立为齐王，不久为汉所破，投奔彭越。汉朝建立，率徒五百人逃亡海岛。汉高祖命他到洛阳，被迫前往，因不能称臣于汉，于中途自杀，留居海岛者闻田横死讯，集体自杀。李白赞美的就是这种讲义气的人。

他自己也是这样做的，在给安州长史即安陆行政长官的一封信中，说自己"曩者东游维扬，不逾一年，散金三十馀万，有落魄公子，悉皆济之。此则是白之轻财好施也。"这是李白自己说的，三十余万，可不是小数目，当时一个州吏的年薪不到五万。可见其慷慨豪爽。

"又昔与蜀中友人吴指南同游于楚，指南死于洞庭之上，白禫服恸哭，若丧天伦。炎月伏尸，泣尽而继之以血。行路闻者，悉皆伤心。猛虎前临，坚守不动，遂权殡于湖侧，便之金陵。数年来观，筋骨尚在。白雪泣持刃，躬申洗削。裹骨徒步，负之而趋……遂丐贷营葬于鄂城之东，故乡路遥，魂魄无主，礼以迁窆，式昭朋情。此则是白存交重义也。"(《上安州裴长史书》)这也是李白自己说的。大意是：吴指南生病死了，他大哭，像死了亲人，眼泪哭干了，哭出了血，路人无不感动，守着尸体，甚至老虎来了也不退一步，暂且埋下以后到了南京，过些日子再来看时，骨头还好好的，就用刀刳洗干净，借钱背尸体安葬。文中不乏夸张的手法，但也能表达李白对朋友的仁义和慷慨。

文中叙述的刮骨再葬的事倒也不假。笔者曾到越南去，那里至今仍保持着这种两次安葬、刮骨重葬的风俗。

李白最多的是道教朋友，用李白的话说是"结神仙交"。和东岩子、元演、胡紫阳、盖寰、高如贵、参寥子等人最为要好，和他相交几十年的朋友莫过于元丹丘了。《将进酒》里有："岑夫子，丹丘生，将进酒，杯莫停。"丹丘生就指的元丹丘，也是一个好酒之人。李白曾为元丹丘专门写了一首诗，标题就叫《元丹丘歌》：

元丹丘，爱神仙，朝饮颍川之清流，暮还嵩岑之紫烟，三十六峰常周旋。长周旋，蹑星虹，身骑飞龙耳生风。横河跨海与天通，我知尔游心无穷。

李白与元丹丘是什么时候开始相识的，史料记载不详，据说他们在嵩山是同学。李白一生四处学道，到过四川岷山、河南嵩山、湖北随州、山东蓬莱这些道家的圣地。

李白在诗中写：

畴昔在嵩阳，同衾卧羲皇。……仆在雁门关，君为峨眉客。（《闻丹丘子于城北营石门幽居中……叙旧以寄之》）

文中说他们在嵩山同住一寝室，现在分居两地，一个在雁门、一个在四川，李白到山西这一年是 35 岁，中间又到过随州。故

070

二人相识的时间应该更早。与元丹丘在嵩山同游，是他记忆中最难忘的，在李白诸多诗文中均有记载：

故人栖东山，自爱丘壑美。青春卧空林，白日犹不起。松风清襟袖，石潭洗心耳。羡君无纷喧，高枕碧霞里。（《题元丹丘山居》）

仙游渡颍水，访隐同元君。忽遗苍生望，独与洪崖群。……益愿狎青鸟，拂衣栖江濆。（《题元丹丘颍阳山居》）

吾将元夫子，异姓为天伦。本无轩裳契，素以烟霞亲……所失重山岳，所得轻埃土。（《颍阳别丹丘之淮阳》）

家本紫云山，道风未沦落。沉怀丹丘志，冲赏归寂寞。……拙妻好乘鸾，娇女爱飞鹤……（《题嵩山逸人元丹丘山居》）

由此可见元丹丘与李白的关系十分亲密。李白可能还在元丹丘的庄园生活了一阵子，"故交"深情，"愿便举家就之"。与道士"气傲道合，结神仙交""殊身同心，誓老云海，不可夺也"。可见其二人关系之亲密了。李白除了自己的朋友，还有很多的仰慕者，他们大多欣赏李白的才华，其中还有不少成了李白的追随者。其中有一人后来成为李白的好朋友。这个人循着李白的行踪追随，到开封、到鲁南，还到江苏，跑了三千多里找李白。但这时李白已经到了浙江的南部永嘉，去看谢灵运诗中所写的山水去了。当李白又回到扬州时，两人才相见。这个人就是魏万。相见后的二人还共游金陵，魏万也是一个狂放、有才华、有个性的人物。李白也很看重他，说他将来一定有大名。

宋之悌也是李白的好朋友。宋之悌被贬越南河内时，李白还写诗送他："平生不落泪，于此泣无穷。"（《江夏别宋之悌》）可见两人的情感是很深的。此外他还结交了唐代名将郭子仪。

李白的朋友们来自不同的阶层，有着不同的背景，但李白与他们交往中很有平等意识：即使你是王侯，他也一视同仁"共酒杯"。他还有很多平民朋友，有的是农夫、有的是酒店老板。下面这首诗，就是李白写给一个村夫的，他住在安徽泾县桃花村：

李白乘舟将欲行，忽闻岸上踏歌声。桃花潭水深千尺，不及汪伦送我情。（《赠汪伦》）

据说直到宋代，汪伦的后代还保存李白的这首诗的手迹。还有一首写酒店老板的诗，更为有趣幽默。酒店老板死了，李白写诗纪念他：

纪叟黄泉里，还应酿老春。夜台无李白，沽酒与何人。（《哭宣城善酿纪叟》）

你到阴间去造酒，没有李白来喝，你把酒卖给谁啊？写得既俏皮又沉痛，可以两人深厚的感情。此外，李白还有一些歌妓朋友，《李太白全集》中赠歌妓的诗有很多，如《折荷有赠》《赠段七娘》等都是：

千杯绿酒何辞醉，一面红妆恼杀人。（《赠段七娘》）

他与李林甫的女儿李腾空也是朋友，有赠李腾空诗：

若爱幽居好，相邀弄紫霞。（《送内寻庐山女道士李腾空二首》）

更有意思的是，李白还交了些外国朋友。当时有一位叫晁衡的日本朋友，传说他回国时遇到了海难，李白写诗悼念他：

　　日本晁卿辞帝都，征帆一片绕蓬壶。明月不归沉碧海，白云愁色满苍梧。（《哭晁卿衡》）

苍梧是仙山的别称，李白说那充满悲愁，白云笼罩着的仙山，提起这座山李白心情就很沉重。可见他们的友谊之深。

双子星座

　　李白因为自身性格的特点，不大喜欢与那些扭扭捏捏的士大夫来往，对儒生，他始终有一种排斥心理，他的诗中也多有表达：

儒生不及游侠人，白首下帷复何益？（《行行游且猎篇》）

　　鲁叟谈五经，白发死章句。（《嘲鲁儒》）

前文中说的李白的几位朋友，虽然也有朝廷命官，但大多本身也是道士或隐士，还有的是狂客和遁迹山林的人。

　　如果要说与儒生有交往，那么最值得说的是与杜甫的交情了。李白是离开长安赐金放还后在开封与杜甫相遇的。这是中国古代文学史上的一件大事，是两颗唐代文坛巨星的相遇。可以说李杜二人是中国古代文坛的双子星座。

　　李杜相遇时，李白约44岁，杜甫33岁。他们一见如故，一起论诗游山。当时杜甫也还是风流青年，依靠父亲杜闲生活。

杜闲当时在河南做县官,生活上是还很优越的。所以杜甫能够"裘马颇轻狂,放荡齐赵间"。(《壮游》)他们"醉舞梁园夜(在开封),行歌泗水春(在山东)。""剧谈怜野逸,嗜酒见天真。"李白很健谈,喝了酒便天南海北、古今中外地侃大山,两人度过了一段十分愉快的日子。

　　李侯有佳句,往往似阴铿。余亦东蒙客,怜君如弟兄。醉眠秋共被,携手日同行。更想幽期处,还寻北郭生。入门高兴发,侍立小童清。落景闻寒杵,屯云对古城。向来吟橘颂,谁欲讨莼羹?不愿论簪笏,悠悠沧海情。(杜甫《与李十二白同寻范十隐居》)

"醉眠秋共被,携手日同行。"可见两人关系的密切。其间他们又遇到了大诗人高适,三人便一起游历。后来杜甫常常回忆这段交往:

　　忆与高李辈,论交入酒垆。……气酣登吹台,怀古视平芜。(《遣怀》)

　　昔者与高李,晚登单父台。寒芜际碣石,万里风云来。……(《昔游》)

　　后来,他们终于分别了。春天里杜甫写了《春日忆李白》,杜甫很欣赏李白的文章和才华,差不多每首有关李白的诗里都提及:

　　白也诗无敌,飘然思不群。清新庾开府,俊逸鲍参军。渭北春天树,江东日暮云。何时一樽酒,重与细论文。

冬天里,又写《冬日有怀李白》:

寂寞书斋里，终朝独尔思。更寻嘉树传，不忘角弓诗。短褐风霜入，还丹日月迟。未因乘兴去，空有鹿门期。

做梦也梦见李白：

死别已吞声，生别常恻恻。……故人入我梦，明我长相忆。……（《梦李白二首·其一》）

冠盖满京华，斯人独憔悴。孰云网恢恢，将老身反累。千秋万岁名，寂寞身后事。（《梦李白二首·其二》）

他还在别人面前赞李白：

昔年有狂客，号尔谪仙人。笔落惊风雨，诗成泣鬼神。（《寄李十二白二十韵》）

杜甫是很倾慕李白的才华的，连李白的醉态也很欣赏，说他"酒后见天真"。有人说李白看不起杜甫。杜甫写李白二三十首，李白写杜甫三四首。这也和两人性格迥然不同有关。杜甫是理解李白的，是他的知心人，他知道李白才高，他更知道李白的所作所为不为社会认同，所以对李白，杜甫也不是一味捧场，也有婉转的批评。本来就狂野不羁的李白，政治上失意以后，豪气不但不减，反而更加肆无忌惮起来。他想求仙、学道，又没有耐心沉静下来，虽然接受了"道箓"（拿到了道士文凭），成了真正的道士，但他的内心是不平静的，是不甘心的。

李白表面上狂放放肆，内心却是焦急、苦闷的，无法摆脱的失落感始终纠缠着他。别人不了解，唯有杜甫是了解的，看他像秋天的浮萍那么飘来飘去，看到他"未就丹砂愧葛洪"（炼丹炼不成）。别人以为李白"痛饮狂歌"很痛快、很热闹，唯独杜甫知道他内心的空虚，是"空度日"；别人看到李白乱蹦乱跳，自吹自夸，气势十足，杜甫却明白他内心深处的失落感。对于不听劝告的李白，杜甫终于鼓足勇气以晚辈的身份，直接给他写了一首《赠李白》：

秋来相顾尚飘蓬，未就丹砂愧葛洪。痛饮狂歌空度日，飞扬跋扈为谁雄？

杜甫看到李白整天飞扬骄躁，不知在忙些什么而劝他收敛的。虽然是开玩笑，却反映了两人不同的生活态度。可是李白听了没有呢？他不但一句也听不进，反过来嘲笑、挖苦杜甫。李白有一首诗与杜甫开玩笑：

饭颗山头逢杜甫，头戴笠子日卓午。借问别来太瘦生，总为从前作诗苦。（《戏赠杜甫》）

李白说：你这样苦苦地写诗，把人都写瘦了，活着有什么意思！他们分开后，就再也没见面。杜甫一直关心着李白。当李白进大狱，以至外面传说李白发疯时，杜甫更惦记着他，写诗为他可惜。笔者在前文曾引用杜甫的《不见》一诗，就表明了杜甫对他的基本态度（当时杜甫的处境也十分不好，寄人篱下）。这首诗透露出李白与杜甫关系的很多信息，我们不妨再重温一遍：

不见李生久，佯狂真可哀。世人皆欲杀，我意独怜才。敏捷诗千首，飘零酒一杯。匡山读书处，头白好归来。

李白与酒

　　李白好酒，几乎妇孺皆知。传统酒店，通常都要挂一个幌子，上书"太白遗风"。李白被称为诗仙，同时又被称为酒仙。他的那首《月下独酌之二》，最能说明他爱酒的程度：

　　天若不爱酒，酒星不在天。地若不爱酒，地应无酒泉。天地既爱酒，爱酒不愧天。已闻清比圣，复道浊如贤。贤圣既已饮，何必求神仙？三杯通大道，一斗合自然。但得酒中趣，勿为醒者传。

他为自己爱喝酒提供了理论依据。既然天地都爱酒，那么李白爱酒当然是很自然的事了。李白饮酒，期在必醉。且看他喝酒的程度：

　　百年三万六千日，一日须倾三百杯。(《襄阳歌》)

　　三百六十日，日日醉如泥。(《赠内》)

　　富贵百年能几何，死生一度人皆有。孤猿坐啼坟上月，且须一尽杯中酒。(《悲歌行》)

　　人生得意须尽欢，莫使金樽空对月。(《将进酒》)

有一次，李白在一个山村喝醉了，倒在地上烂醉如泥，小孩子们围着他唱歌。他还写了一首《襄阳歌》：

　　襄阳小儿齐拍手，拦街争唱《白铜鞮》。傍人借问笑何事，笑杀山公醉似泥。

还有一次，醉了不知从哪里弄来一顶白帽子，上马倒骑，不知方向：

山公醉酒时，酩酊高阳下。头上白接篱，倒著还骑马。(《襄阳曲》)

吃喝玩乐往往是连一起的，喝了酒，接着是夜生活："三万六千日，夜夜当秉烛"，几乎每天要过夜生活。"行乐争昼夜，自言度春秋"，就这样白天黑夜地享乐，就这样"春花秋月等闲度，雨笠烟蓑得自由。"春去秋来，年复一年，把功名富贵也看淡了。

"功名富贵若长在，汉水亦应西北流"，功名富贵都是假的，正如过眼烟云，只有酒才是真的，只有玩乐才是真的。他高兴时喝："好鞍好马乞与人，十千五千旋沽酒。"痛苦时也喝："钟鼓馔玉不足贵，但愿长醉不复醒。"

李白最有名的一首是《将进酒》：

君不见，黄河之水天上来，奔腾到海不复还。君不见，高堂明镜悲白发，朝如青丝暮成雪。人生得意须尽欢，莫使金樽空对月。天生我材必有用，千金散尽还复来。烹羊宰牛且为乐，会须一饮三百杯。岑夫子，丹丘生，将进酒，杯莫停。与君歌一曲，请君为我倾耳听，钟鼓馔玉不足贵，但愿长醉不复醒。古来圣贤皆寂寞，惟有饮者留其名。陈王昔时宴平乐，斗酒十千恣欢谑。主人何为言少钱，径须沽取对君酌。五花马，千金裘，呼儿将出换美酒，与尔同销万古愁。

诗的后半段写主人说：我也没钱了，今天就到此为止吧。

可李白说：不行，别说钱少，你家不是还有五花马吗？你家不是还有千金裘吗？交给童仆再去换酒来，我与你一起浇灭这万古愁！看，他是何等潇洒！

人们常常有一个疑问：李白能如此豪饮，到底喝的是什么酒呢？从李白写的诗看来，大概不会是烈性酒。有可能是葡萄酒，李白诗里多次提到了葡萄酒：

葡萄酒，金叵罗，吴姬十五细马驮。青黛画眉红锦靴，道字不正娇唱歌。玳瑁筵中怀里醉，芙蓉帐里奈君何。（《对酒》）

当时西域的葡萄酒已很普遍，王翰也有一首诗脍炙人口：

葡萄美酒夜光杯，欲饮琵琶马上催。醉卧沙场君莫笑，古来征战几人回。（王翰《凉州词》）

高适有句诗："虏酒千钟不醉人，胡儿十岁能骑马。"这"虏酒"指的应该也是指葡萄酒。在宫中时，杨贵妃也曾用"凉州葡萄酒"敬过李白。每次受到挫折后，李白这种及时享乐的思想，就更加强烈，而且付诸行动。三首《行路难》都作于赐金放还后。《其一》是从喝酒开始的：

金樽清酒斗十千，玉盘珍羞直万钱。停杯投箸不得食，拔剑四顾心茫然。欲渡黄河冰塞川，将登太行雪满山。闲来垂钓碧溪上，忽复乘舟梦日边。行路难，行路难，多歧路，今安在？长风破浪会有时，直挂云帆济沧海。

李白好酒，已如前说。这回见了酒，居然停杯投箸，放下筷子杯子，这是为什么？为什么我们的大诗人如此忧心忡忡？原来是因为"冰塞川""雪满山"，仕途不顺！李白的心里，始终没有忘记仕途可是这条路真难走啊！不过没事，总有一天，我会乘风破浪，实现我"济沧海"的伟大理想！然而，《其三》的最后一句还是离不开酒：

且乐生前一杯酒，何须身后千载名。

一旦醉倒，他便什么也不知道了，什么也不顾了，家不要了，功业不要了，当然连身后的"名"也不要了。只要酒！酒！酒！李白喝酒，还有一个特点：喜欢旁边有音乐，有舞蹈，还要有漂亮的姑娘在一旁助兴。也许因为他深受胡文化的影响，对音乐、舞蹈一直情有独钟。

手舞石上月，膝横花间琴。（《独酌》）

风落吴江雪，纷纷入酒杯。山翁今已醉，舞袖为君开。（《对酒醉题屈突明府厅》）

醉后凉风起，吹人舞袖回。（《与夏十二登岳阳楼》）

高歌取醉欲自慰，起舞落日争光辉。（《南陵别儿童入京》）

落花踏尽游何处，笑入胡姬酒肆中。（《少年行》）

笔踪起龙虎，舞袖拂云霄。双歌二胡姬，更奏远清朝。（《醉后赠王历阳》）

胡姬貌如花，当垆笑春风。笑春风，舞罗衣，君今不醉将安归。（《前有一樽酒行二首》）

李白爱酒如命，不到酩酊大醉，他绝不罢休。

今夕不尽杯，留欢更邀谁。（《宴郑参卿山池》）

出舞两美人，飘摇若云仙。留欢不知疲，清晓方来旋。（《秋猎孟诸夜归，置酒单父东楼观妓》）

喝到高兴处，李白自己也要跳起来，唱起来，他高唱着：

> 脱吾帽，向君笑；饮君酒，为君吟。（《扶风豪士歌》）

李白喝酒不拘人多人少。他喜欢独酌：

> 花间一壶酒，独酌无相亲。举杯邀明月，对影成三人。（《月下独酌》）

他也喜欢对酌：

> 两人对酌山花开，一杯一杯复一杯。我醉欲眠卿且去，明朝有意抱琴来。（《山中与幽人对酌》）

就这样独酌，春日独酌，月下独酌，两人对饮，与人对酌，一群人共饮，春日醉起言志。李白的一生都离不开酒！李白的朋友，大都也是酒徒、酒鬼、酒仙。杜甫也爱喝酒，估计酒量不亚于李白。古代的文人大多爱好喝酒。在他之前的陶渊明爱酒，后来的苏东坡也爱喝酒。苏东坡喝三小杯便半醉。他说，喝酒只要达到这样半醉的境界就可以了，不在乎喝了多少。李白的一生可谓与酒有不解之缘，也许没有酒，李白的诗就不会那么精彩，想象力不会那么丰富。

李白与道教

在李白的身上有着各种戏剧性的冲突，其中一个很有趣的就是李白的学道、求仙和从政。李白在野时想在朝，在朝时又想在野。在供奉翰林时想归隐，想游五湖济沧海，到青山绿水中去；在野时牢骚满腹，又想建功立业，要使"寰区大定，海县清一""谈笑静胡沙"！同时，他确实热衷于道教，也写过很多学道、求仙的诗：

倾家事金鼎，年貌可长新。(《避地司空原言怀》)

问余何意栖碧山，笑而不答心自闲。桃花流水窅然去，别有天地非人间。(《山中问答》)

清斋三千日，裂素写道经。吟诵有所得，众神卫我形。(《泰山吟》)

如果深入到李白的实际生活和所作所为中去，深入到李白的内心世界去，便可以发现他与陶渊明不同，陶渊明是真正热爱自然，超凡脱俗，真心诚意地归隐：

归去来兮，田园将芜胡不归。……舟遥遥以轻飏，风飘飘而吹衣。(《归去来兮辞》)

李白也不像后来的苏东坡那般豁达，"天涯何处无芳草"，苏东坡到哪里都能快快乐乐地生活。李白不是这样，李白乐观但不旷达，他有一个不安定的灵魂，李白虽然也爱大自然，爱游山玩水，"一生好入名山游"，并且爱过无拘无束的闲适生活。但本质上他心里想的还是功名富贵，是及时行乐。既要做青莲居士、做仙人，又要灯红酒绿，肆意人生的李白，其实理想与现实是矛盾的。确实，李白一生都在漫游，有很多时间都在山上修道，但那是暂时的，他心里想的仍然是功名富贵。李白30岁左右，第一次进长安，就住进了终南山。入山的目的是能上达天听，让皇帝知道他，继而重用他，而并非真心修道。

终南山在首都长安郊外。有一个词叫终南捷径，意思就是通过终南山隐居而做大官。《新唐书·卢藏用传》中说卢藏用科举落第，隐居终南山，结果被武则天召见，做了尚书右丞，有一次卢藏用手指着终南山对天台山道士司马承祯说："此中大有佳处。"司马承祯回答道："以仆视之，仕宦之捷径耳。"真是一针见血。

其实不仅是唐朝，在魏晋南北朝时期也是。有人称陶弘景为山中宰相，他表面上隐居在山上，其实一直想操纵着朝廷。他有两首诗很出名。当时梁武帝请他出山，叫使者带话给他，问他：山中有什么好呢？你还是到朝廷中来吧。他便写诗回答：

山中无所有，岭上多白云。只可自怡悦，不堪持赠君。

意是你问山中有什么，山中是没什么，但有的是那美妙的白云，可这白云只能在山上享受，无法拿出来送给您言下之意是，不愿出山。然而当一个好朋友上山来看他时，他却说：

我有数行泪，不落十余年。今日为君尽，并洒秋风前。

这就生动刻画出了一个道士的内心世界。陶弘景是道教的前辈，李白后来在山东接受了高如贵天师的道箓，举行了正式成为道士的仪式，正式拿到了道士的文凭，但他的内心对地位、功名的追求，比前辈有过之而无不及。

道家的核心或者说出发点是什么？简单地说，就是"为我"和"全身避害"或者叫"重生轻物"。先秦道家的发展有三个阶段，第一阶段即杨朱的"为我"，杨朱提出"不以天下大利易其一胫之毛"。意思是说把个人生命看得比天下还要重，用天下给我，换我小腿上的一根毛，我也不干。

《庄子·逍遥游》里也有一个故事说：尧让天下于许由……许由曰："子治天下，天下既已治也。而我犹代子，吾将为名乎？名者，实之宾也，吾将为宾乎？鷦鷯巢于深林不过一枝，偃鼠饮河不过满腹，归休乎君！予无所用天下为。"许由是一个隐士，把天下给他，即使白白奉送，他也不要。

道家有一个理论是：人人不损一毫，人人不利天下，天下治也。每个人都能保全好自己，都不要强加于别人，这个天下就治理好了。

这实际上是一种逃避，所以道家第一阶段叫"避"。第二阶段叫"循"，就是遵循社会发展的规律，调整自我，《庄子》中的"庖丁解牛"就是讲这个道理。好比一把杀牛的刀，用了二十年还锋利如新，如刚刚磨过一样。道家的第三阶段叫"一"，所谓"齐生死""一物我"，超越现实世界。既然一切都是"一"，那么，再也不会受害了。

我们今天不讨论道家的这三个阶段，我们只说李白，李白是懂这些道理的，但他的个性、经历，使他更加接受"为我"这一部分，并进一步发展成为享乐主义，而把道家清静无为、全身避害的精华部分抛在了脑后。

所以，在笔者看来，道家对李白的影响还远远不如"侠"对李白的影响。"侠"所提倡的重义气、重承诺的特质在李白身上体现得更明显、更强烈。

李白更向往的，是道家中追求成仙长生的思想。他向往的

是神仙世界，过神仙生活。"传闻海水上，乃有蓬莱山。玉树生绿叶，灵仙每登攀。一食驻玄发，再食留红颜。吾欲从此去，去之无时还。"诗中说得再清楚不过了。

东望黄鹤山，雄雄半空出。……颇闻列仙人，于此学飞术。（《望黄鹤山》）

清晓骑白鹿，直上天门山。（《游奉山云青》）

遥见仙人彩云里，手把芙蓉朝玉京。（《庐山谣寄卢侍御虚舟》）

他的名篇《梦游天姥吟留别》虽说是写对宫廷生活的回忆，但他借用游仙的形式表达，确实生动具体地写出了他求仙的欲望。

……我欲因之梦吴越，一夜飞渡镜湖月，湖月照我影，送我至剡溪……云青青兮欲雨，水澹澹兮生烟。列缺霹雳，丘峦崩摧，洞天石扉，訇然中开。青冥浩荡不见底，日月照耀金银台。霓为衣兮风为马，云之君兮纷纷而来下，虎鼓瑟兮鸾回车，仙之人兮列如麻……

李白在山上是热衷于吃药炼丹的。他认为吃菖蒲，可入仙境，道教的《神仙服食灵草菖蒲丸方》说：

服须十日，能消食；两月，除冷疾；三月，百病瘥；而至四年，精神有余；五年，骨髓充满；六年，颜色光泽状如童子；七年，发白再黑；八年，齿落重生；九年，皮肤细腻；十年，面如桃花；十一年，骨轻；二十年，永是真人，长生度世，颜如芙蓉，役使万灵精邪不近，祸患永消。

李白很相信这种说法，他说过："我来采菖蒲，服食可延年"尔去掇仙草，菖蒲花素草"。李白还真炼过金丹。

愿随子明去，炼火烧金丹。(《登敬亭山南望怀古赠窦主簿》)

愿游名山去，学道飞丹砂。(《落日忆山中》)

弃剑学丹砂，临炉双玉童。(《流夜郎半道承恩放还兼欣克复之美书怀示息秀才》)

李白唯一一首描写匠人劳动的诗，很可能是写炼丹时的情景：

赧郎明月夜，歌曲动寒川。(《秋浦歌》)

我们今天研究李白，只看到他的诗文，是那样的豪气，那样的令人振奋。如果我们回到那个时代，或者反过来把李白放到我们这个时代，将会是怎样的情形？李白还会如此地广受欢迎吗？

李白的经济来源

"黄金逐手快意尽，昨日破产今朝贫。"这是李白经济情况的写照。李白一生都在漫游，他几乎没有固定职业，那么，他的钱从哪里来，谁给他如此庞大的开销买单？

诗中的李白出手大方，生活很奢侈，几乎天天喝酒，游山玩水。

五岳寻仙不辞远，一生好入名山游。(《庐山谣寄卢侍御虚舟》)

似乎从来没有为生计发过愁，这究竟是为什么呢？

一种说法，是李白的父亲给的。据传父亲李客是大商人，做国际贸易，应该说是相当有钱的。25 岁时李白仗剑去国，辞亲远游，父亲可能给了他一笔钱，让他去闯荡天下。

另一种说法是李白的兄弟资助，李白的哥哥、弟弟在长江经商，贩卖盐铁。《万愤词投魏郎中》说："兄九江兮弟三峡。"

还有一种说法似乎更让人吃惊，说李白自己就在经商，说他"混迹渔商，隐不绝俗"（《与贾少公书》）、"穷与鲍生贾，饥从漂母食"。"混迹渔商"意思就是在经商。他常常在大都市转，南京、开封、扬州、长安、洛阳、襄阳，"隐不绝俗"意思是除了作诗交友这些雅事，也不拒绝谈生意这样的俗事。"穷与鲍生贾"，这个鲍生不知是谁，应该是和他一起做生意的合伙人。"饥从漂母食"，是说有时赚不到钱，还要饿肚子，只好向洗衣服的老大娘要点饭吃。我们不必觉得很奇怪，大诗人也要吃饭，也会为经济问题烦恼。而且我们可以肯定地说，这占去了李白大多数的精力。只是李白不像苏东坡，把什么都写进诗里。

以上说法笔者觉得都有可能，除了兄弟的资助这一条。因为李白的兄弟之情不是很浓厚，除了在监狱里的那首诗，李白在诗文中也从不提兄弟，可见关系并不密切，几乎没有交往。所以，兄弟支持他的可能性很小。

那么李白的经济来源到底是什么？根据专家们的分析，笔者概括为以下几个方面：

（一）父亲的一笔资助，较可信。父亲李客，经营葡萄酒、玻璃杯、玛瑙、皮革，赚大钱。李白出四川时还没有成婚，他父母在他出游时可能会给他一部分家产，具体数目就不得而知了。

（二）靠婚姻所得。李白两次入赘，可能宰相家的嫁妆有田产、房产，靠一些地租、房租，也能维持一段时间。

（三）赐金放还时李白应该得了一笔钱。据说李白在鲁东有房产、田产，还有酒楼，也许就是用这一笔钱置下的。

（四）李璘给的一笔聘金。韦子春上山三请，必然有经济上的许诺，李白也承认"徒赐五百金"。

（五）隐性收入，如润笔费等，这在当时是很普遍的。《新唐书》说：李邕之文，于碑颂所长，人奉金帛请其文，前后所受讵万计。白居易与元稹，白穷元富。元稹常接济白居易，元死，白为之撰墓志铭："其家馈润笔六七十万，居易不受。"柳公权的书法为一时之盛，请他写碑的人很多。

李白不但诗好，书法也不错，以此推理，他的诗文、书法、碑铭在当时应该也很受追捧，供奉翰林以后，李白的诗集中这样的应酬之作有很多，比如：《赠……》《酬……》。据专家分析，他的诗文十丧其九，那些遗失的恐怕大多是代人写的，留不下来，也没有必要留下。

盛唐时期重文化，写诗成风，对诗歌好的、文章好的人十分尊重。李白以他如此独特的风格当然到处受欢迎，请他写诗作文书碑铭的一定不少。当然，也未必每次写文章、碑文都给钱，但即使没钱也会赠美酒、茶叶之类的。

（六）朋友馈赠的也不会少。比如元丹丘对他的资助。李白诗集中有好多感谢他人馈赠的作品。

（七）打秋风。有的时候还会打秋风。上面曾引的《将进酒》：

> 主人何为言少钱，径须沽取对君酌。五花马，千金裘，呼儿将出换美酒，与尔同销万古愁。

这就是住在别人家，吃在别人家的最好例证。

（八）经商。杜甫也曾做过药贩子，以卖药为生。李白学道主要为了求长生，贵生爱身是道家的出发点。李白远离妻儿在外活动，"混迹渔商，隐不绝俗"。李白自己很少言及"混迹渔商"的细节，大概是因当时齐鲁"莫不贱商贾，多稼穑，尊儒慕学"。李白即使经商也讳莫如深。李白在山东几年有家不归，除了玩，一定有比回家更重要的事情等他去做，这恐怕就是经济收入了。李白虽号为谪仙人，毕竟是凡人俗夫，不能不生活。既然在江东不像在终南山，根本没有被举荐的机会，那么，他留在那儿干什么呢？所以有专家分析，恐怕就是在经商吧。

（九）做教练。李白曾收过学生，不知是教文还是教武。李白有一门生（学生）叫武十七谔，曾在安史之乱时带着李白家眷转移。由此推测，李白教门人学文习武来增加一点经济收入，也是有可能的。

李白的读书生涯

　　李白的才华，世人有目共睹。他天赋很高，简直是天才，所以很多人并不注意他刻苦学习的一面。还有人认为杜甫作诗靠学习，李白作诗靠才气。其实不尽然，杜甫才气并不小，李白学力也很深。李白之所以在文学史上有这么高的成就，与他的苦学是分不开的。无法想象，一个平时不读书的人会有如此大的成就。

　　我们小时候都听到过一个"铁杵磨成针"的故事。这个故事说的是李白少年时代学习不刻苦，凭着小聪明，以为什么事情一学就会，不用下苦功夫。有一天在河边看到一个老大娘在磨一根很粗的铁棍，李白问她在干什么，老大娘说是做针。李白被她的举动深深地打动了，于是回去苦读，终于学有所成。

　　李白在自我推荐的信里也多次提及自己年少苦读的情况：

　　少长江汉，五岁诵六甲，十岁观百家。轩辕以来，颇得闻矣。常横经籍书，制作不倦，迄于今三十春矣。（《上安州裴长史书》）

汉代儿童入学即习六甲，《汉书·食货志》曰："八岁入小学，学六甲五方书计之事。"《南齐书·高逸·顾欢传》说："欢年六七岁，知六甲。"李白这里给我们两个信息：（一）六甲是汉代的启蒙读物，唐已不用，可是他还在读。可见，李白所受教

育与知识结构同魏晋时代的相仿；（二）李白很早熟。顾欢是个神童，六七岁读六甲，李白自称五岁就能诵，可见是个早慧儿童。"制作不倦"，说明其刻苦。

还有两个细节，可以知道李白平时是很喜欢读书的。一个是李白到了宫廷里，供奉翰林。每天上下班，"晨趋紫禁中，夕待金门诏"，但常常是无所事事。玄宗不要他过问政治，只有娱乐时才想到他。于是他抓紧时间读书，"观书散遗帙，探古穷至妙"。他要么不读，读就读得很投入。李白做什么都是这样，要么不做，做就很认真、很投入。要么不喝酒，喝酒就喝个烂醉；要么不赌，要赌就赌个精光；要么不学道，学道就成为真正的道士；要么不写诗，写诗就要一鸣惊人；要么不读书，读书就非常投入！他在宫里读书，常常是"片言苟会心，掩卷忽而笑"，读着读着，就傻乎乎地自己笑了起来。

第二个细节是，后来因为李璘事件，他坐了牢，这对李白是一个很大的打击。他这样一头雄鹰被关在笼子里，一定是焦躁不安的。即使在这样的情况下，他还在牢里写诗、读书，读《留侯传》，研究自己失误的原因，想着将来还要学习张良，建功立业，干一番大事业。

李白虽然自视很高，但也不是盲目抬高自己，对于别人好的东西，他也愿意主动去学习。李白集子中很多作品是模仿前人的，如《陌上桑》完全是学古乐府。有一次，他登上坐落在长江边的黄鹤楼，登楼远望，水天茫茫，一片辽阔，便诗兴大发，刚要写诗，就发现黄鹤楼的粉墙上题着很多诗，一看上面有一首诗：

　　昔人已乘黄鹤去，此地空余黄鹤楼。黄鹤一去不复返，白云千载空悠悠。晴川历历汉阳树，芳草萋萋鹦鹉洲。日暮乡关何处是，烟波江上使人愁。

　　李白反复吟诵了几遍，不禁拍案叫绝！一看下面的签名是"崔颢"，心想不出名的人中，还有这等好诗，自愧不如，便在墙上写了两句诗："眼前有景写不得，崔颢有诗在上头。"

　　但李白毕竟是李白，好胜心强，不愿认输，不久就模仿这首"黄鹤楼"写了一首诗：

　　鹦鹉来过吴江水，江水洲传鹦鹉名。鹦鹉西飞陇山去，芳洲之树何青青。烟开兰叶香风暖，岸夹桃花锦浪生。迁客此时徒极目，长洲孤月向谁明？（《鹦鹉洲》）

后来，李白再登凤凰台时，写了一首《登金陵凤凰台》，后人评价这首诗可以与崔颢的那首比肩称为姐妹篇了。全诗是这样的：

　　凤凰台上凤凰游，凤去台空江自流。吴宫花草埋幽径，晋代衣冠成古丘。三山半落青天外，二水中分白鹭洲。总为浮云能蔽日，长安不见使人愁。

　　李白的诗歌之所以有如此高的成就，与他善于学习密不可分。他学民歌：

　　孔雀东飞何处栖，庐江小吏仲卿妻。为客裁缝君自见，城乌独宿夜空啼。（《庐江主人妇》）

这里李白把两个民歌——《孔雀东南飞》和《翩翩堂前燕》中的《艳歌行》结合在了一起。他自己的创作很有民歌风味：

裂素持作书，将寄万里怀。眷眷待远信，竟岁无人来。征鸿务随阳，又不为我栖。委之在深箧，蠹鱼坏其题（信封写名的地方）。何如投水中，流落他人开？不惜他人开，但恐生是非。（《感兴》八首其三）

在李白的全集中，诗文合在一起，不到一千篇，其中有一百五十篇是乐府，几乎占六分之一。无怪乎明代的批评家杨慎说李白使得"乐府之妙思益显，隐语益彰"了。

李白喜欢魏晋六朝的诗文，特别喜欢二谢（谢朓、谢灵运）的诗，认为他们的作品"清水出芙蓉，天然去雕饰"，他曾把"池塘生青草"这类二谢的诗句直接摘录进自己的诗中。

安石在东山，无心济天下。一起振横流，功成复潇洒。大贤有卷舒，季叶轻风雅。匡复属何人，君为知音者！（《赠常侍御》）

从李白的诗文中，可以看出他受《文选》的影响最深，据说他曾经"三拟文选不如意，则焚之，唯留恨赋"。三拟文选，这得花多大的功夫，而且不满意就烧毁。今天的文学爱好者，恐怕谁都没有他那股牛劲！

李白作品中还喜欢用典故，而且运用自如，不着痕迹。比如他遇到某姓的人，就很自然地从同姓的古人那儿找典故：

谁念张仲蔚（一个隐居的高士），还依蒿与蓬。（《鲁城北郭曲腰桑下送张子还嵩阳》）

西羌延国讨，白起（秦时名将）佐军威。（《送白利从金吾董将军西征》）

好鹅寻道士（王羲之的故事），爱竹啸名园（王子猷的故事）。（《题金陵王处士水亭》）

李白用典不是牵强的凑合，而是用得非常确切，天衣无缝。例如李白要表达自己的壮心不已，就用马援62岁时据鞍顾盼，表示还可有为，被称为"矍铄翁"的典故，说："愧无秋毫力，谁念矍铄翁。"（《流夜郎半道承恩放还兼欣克复之美书怀示息秀才》）写下这句诗时李白也恰好60岁左右。

典故在他的笔下具有浓烈的情感色彩，比如"爱子隔东鲁，空悲断肠猿"（《赠武十七谔》）便用了断肠猿的故事。桓温的部下杀了小猿，老猿也伤心地死去了，后剖开来看，发现老猿的肠子都愁断了。李白用这一典故来表达惦记自己的爱子心情。更可贵的是，李白的用典不是机械照搬，而是富有创造性的。像"城崩杞梁妻，谁道土无心"（《白头吟》二首其二），王充在《论衡》中说城墙是土做的，没有心，不会被人哭坏的，而李白偏说能哭坏，可见土也是有心肠的。这个"谁道"两字何等有力！李白喜欢神话，有意识地运用神话传说，还运用得灵活又准确。西王母本是长生不老的神仙，李白却说见她的眉毛也老得白了。在他笔下天公成了一个豪放的诗人，月兔成了一个徒劳无功的角色：

麻姑垂两鬓，一半已成霜。天公见玉女，大笑亿千场。（《短歌行》）

月兔空捣药，扶桑已成薪。（《拟古》十二首其九）

李白写乐府，有他的创造；运用典故，有他的创造；采用神话，

也有他的创造。李白真是既善于学习又善于创新的诗人。没有如此好学的精神，李白的诗篇是不可能达到这么高的境界的；没有这些石破天惊的神来之句，李白也不成其为李白。

李白，勤学者也；李白，善学者也！

李白作品的艺术成就

李白的文学成就，主要集中在诗歌方面。他一生给我们留下了九百多首诗，几十篇文章（包括书信、书序、画赞、碑铭），总数不过一千。如果用两个词来概括李白作品的特点，那么，我以为是"自然"和"率真"。

"自然"是指形式上的；"率真"是指内容上的。在形式上，他的作品几乎都是脱口而出，气势磅礴，正如他的诗句"黄河之水天上来，奔流到海不复回"。如此豪气的诗思不知从何而来，也不知向何而去！他不守文章的现成章法，不受格律的束缚，是真正的诗文大家。且看他"自然"的倾泻：

白发三千丈，缘愁似个长，不知明镜里，何处得秋霜？（《秋浦歌》）

青天有月来几时？我今停杯一问之。人攀明月不可得，月行却与人相随。……白兔捣药秋复春，嫦娥孤栖与谁邻？今人不见古时月，今月曾经照古人。古人今人若流水，共看明月皆如此。唯愿当歌对酒时，月光长照金樽里。（《把酒问月》）

水从北湖去，舟从南浦回。遥看鹊山转，却似送人来。(《陪从祖济南太守泛鹊山湖》)

玉壶系青丝，沽酒来何迟？山花向我笑，正好衔杯时。晚酌东窗下，流莺复在兹。春风与醉客，今日乃相宜。(《待酒不至》)

两人对酌山花开，一杯一杯复一杯。我醉欲眠卿且去，明朝有意抱琴来。(《山中与幽人对酌》)

对酒不觉暝，落花盈我衣。醉起步溪月，鸟还人亦稀。(《自遣》)

横江馆前津吏迎，向余东指海云生。郎今欲渡缘何事？如此风波不可行！(《横江词》)

李白诗歌语言的自然得几乎就像从我们自己嘴里哼出来似的。难怪初读诗歌的人，没有不喜欢李白的，究其原因，除了他那磅礴的气魄、奇妙的诗境，主要还是用了这样明白如话的句子，使人读起来感到亲切。"清水出芙蓉，天然去雕饰"，是李白称道前人的名句，用这句来评价李白，也是确切不过。文如其人，诗如其人。李白的作品和他本人一样是那么率真和洒脱。他几乎是不假思索地把自己的内心袒露出来，乐则大笑，悲则大哭，恨则大骂。他"真"得丝毫不掩饰自己，不掩其矛盾，不掩其欲望，哪怕看起来并不高尚的。正如他说自己是："明月直入，无心可猜。"(《独漉篇》)

还有下面这首诗：

小妓金陵歌楚声，家僮丹砂学凤鸣。我亦为君饮清酒，君心不肯向人倾。(《出妓金陵子呈卢六》)

恐怕没有诗人会把内心对人的怨恨和不满写得这么露骨。再比如：

西上莲花山，迢迢见明星。……俯视洛阳川，茫茫走胡兵。(《古风》)

清风朗月不用一钱买，玉山自倒非人推。舒州杓，力士铛，李白与尔同死生，襄王云雨今安在？江水东流猿夜声。(《襄阳歌》)

头陀云月多僧气，山水何曾称人意。……我且为君槌碎黄鹤楼，君亦为吾倒却鹦鹉洲。(《赠韦南陵》)

我本楚狂人，凤歌笑孔丘。……五岳寻仙不辞远，一生好入名山游。(《庐山谣寄卢侍御虚舟》)

平生不下泪，于此泣无穷。(《江夏别宋之悌》)

仰天大笑出门去，我辈岂是蓬蒿人。(《南陵别儿童入京》)

抽刀断水水更流，举杯消愁愁更愁。(《宣城谢朓楼饯别》)

古人今人若流水，共看明月皆如此。惟愿当歌对酒时，月光长照金樽里。(《把酒问月》)

三杯通大道，一斗合自然。(《月下独酌》)

正如李长之先生在他的《李白传》里所说的：李白的诗有一个共同的特点，就是往往上下通千古，令人读了把精神扩张到极处，我们读诗时的精神像是一匹快马，一会驰骋到西，一会驰骋到东，为李白的精神所引导，每每跃跃欲试地要冲围而出。其内容如此，所以在表现上似乎没有形式、没有规律了，却到底仍不如说他是真正主宰着形式与规律了的。

李白的矛盾与痛苦

综观李白的一生，我们的基本判断是，李白是一个非常复杂、非常矛盾的存在。比如，"五岳寻仙不辞远，一生好入名山游"，他深爱祖国河山，对大自然他倾注了几乎全部的感情去歌颂、去赞美。他的一首名诗最能体现这一点：

众鸟高飞尽，孤云独去闲。相看两不厌，只有敬亭山。

他简直把敬亭山当作了自己的亲人，我看你，你看我，永远看不厌。在痛苦的时候，在孤独寂寞的时候，只有与青山绿水在一起，他的心灵才能得到抚慰、感到安宁。可以说没有比这首诗更能体现人和自然的和谐了。但是，当政治上受到巨大挫折时，他对大自然的态度完全变了。

头陀云月多僧气，山水何曾称人意。（《赠韦南陵》）

李白又把山水骂成了俗不可耐的和尚头陀。他要：

我且为君槌碎黄鹤楼，君亦为吾倒却鹦鹉洲。（《赠韦南陵》）

他要破坏，他要把世界都打个粉碎。他要：

划却君山好，平铺湘水流。《陪侍郎叔游洞庭醉后三首》

把好端端的君山也铲去，因为阻挡视线，妨碍他的仕途。总之，谁阻挡他的前途，他就要骂谁，就要把它铲去、踢倒、槌碎。又比如，一般人都以为李白不畏权贵，颇有骨气。

他说自己"不屈己，不干人，巢、由以来，一人而已"。意

098

思是自己不求人，不委屈自己，是自古以来一个最清高的人。但有意思的是，写这篇文章的背景就是求人，就是认罪，就是认错。他一面说"安能摧眉折腰事权贵，使我不得开心颜"，一面又说自己是"遍干诸侯，历抵卿相"。

每个人都是一个社会的存在，是社会人，不可能不和别人产生联系，不可能不委屈自我。李白需要求人，也在情理之中，何必说不求人的大话。而事实上，他正是在不断求人。如果我们只看他"不屈己，不干人"的文章，只读他"安能摧眉折腰事权贵"的诗句，就不可能看到真正的李白。但当我们读一读他在入宫前、入宫后写的"颂词"，我们就明白是怎么回事了。

再比如，李白有着"平等"的观念。他有时甚至要求与帝王讲平等，所谓"平交王侯"；所谓"府县尽是门下客，王侯皆是平交人"。这是道家中的理念。他喜欢庄子的《秋水篇》，认为大小都是相对的，没有绝对的大小、贵贱。庄子认为雄鹰与麻雀同样幸福，同样有价值，所以李白觉得自己与那些王侯将相应该是平等的，这只是李白想法中的一部分。但如果你因此认为李白是一个追求平等的人，那就错了。因为他还有另一方面：他十分自负，以大鹏自居，而把别人看作是被他瞧不起的麻雀，这时候，他又不讲人人平等了。他对皇帝希望以朋友相交，而对同辈则视作草莽。正如苏东坡在《李太白碑阴记》中所说的：

戏万乘若僚友，视俦列如草莽。

有时，他也赞美儒家，肯定孔子，认为要向孔子学习"我志在删述，垂辉映千春"。甚至把自己比作孔子："君看我才能，何似鲁仲尼。"

但一转眼，他又要排斥了：

我本楚狂人，凤歌笑孔丘。（《庐山谣寄卢侍御虚舟》）

鲁叟谈五经，白发死章句。问以经济策，茫如坠烟雾。（《嘲鲁儒》）

儒生不及游侠人，白首下帷复何益？（《行行游且猎篇》）

在他眼里，儒生简直连侠士、流氓都不如了。此外，我们还看到他写了些谴责官场腐败的句子：

君不能狸膏金距学斗鸡，坐令鼻息吹虹霓。君不能学哥舒，横行青海夜带刀，西屠石堡取紫袍。（《答王十二寒夜独酌有怀》）

他骂斗鸡的人做官，骂哥舒翰，但又在另一些诗里又大肆歌颂哥舒翰，而且他自己也曾一度热衷于斗鸡赌博。高兴时，即使妻子离开他，他也能理解，站在妇女的立场上讲话："幽闺多怨思，盛色无十年"。一转眼又气势汹汹，斥责离开他的妾为"愚妇"。

李白从年轻时代，就提出要"奋其智能，愿为辅弼，使寰区大定，海县清一"，要"济苍生，安社稷"。但是，他从来没有拿出过一个济苍生和安社稷的方案和建议。他连自己的家都不顾，连自己的孩子都不济，又怎么能济苍生？他连自己的生活都无着落，连自己的情绪都不安宁，"日日醉如泥"，又怎么能去安社稷？

孔子说：始吾于人也，听其言而信其行，今吾与人也，听其言而观其行。只要我们不停留在孤立的诗句上，不停留在那些极其精彩的痛快淋漓的只言片语上，我们就不难认识一个比较真实的李白。

尤其是求仙和从政的矛盾。在李的诗集中更是比比皆是。比如当他被逐出朝廷时，他一面写道："少年早欲五湖去，见此弥将欲鼎疏。"好像把功名看淡了。一面在抒发自己的"忠心"："总为浮云能蔽日，长安不见使人愁。"一面说要建功立业："少年当有四方志。"一面又在说："古来圣贤皆寂寞，惟有饮者留其名。"

当然，这一切前后矛盾，他都为自己找了个理由，认为是："不凝滞于物，而能与时推移。"就是说：我是与时俱进，时代不同，情况不同，所以我的态度也不同。

总之，在李白眼里，没有绝对的是非标准，只要对我有利，那就用，就赞美，一旦不利于我，就反对，就咒骂。李白虽然复杂，虽然矛盾，但这复杂和矛盾都统一在"为我"和"实用"上。李白是个享乐主义者，又是个实用主义者。

有一个故事对李白影响很深。战国时有一个有钱人被大水淹死了，一个穷人把他的尸首打捞起来，并且要高价才能赎回。那个富人的家属觉得价码太高了，就去问当时的智者邓析。邓析对他说：你等着吧，他不卖给你，卖给谁呀？穷人等了好久，不见富人来买，也去问邓析，邓析对他说：你等着吧，他不向你买，能向谁买？

以后的故事怎么发展，我们不必深究了。但从中可见，没有是非标准的，只讲利害。李白今天这么说，明天那么说，其实也没有标准，如果硬说有什么标准，那就是如何有利，怎样痛快，就怎样做！

　　其实，李白活得也很辛苦，于是他只能用酒精来麻醉自己。官位不可靠，名利也不要了，成仙更是虚无又缥缈，最实惠的只有眼前的杯中物：

　　莫使金樽空对月……会须一饮三百杯。（《将进酒》）

可以说李白的内心是痛苦的。

李白死亡之谜

　　唐肃宗宝应元年（762年），太上皇李隆基和肃宗李亨在同一个月相继离世。随后太子李豫即位，是为代宗。

　　这时安禄山的余党史朝义还在活动，兵力尚强。李光弼冒险进击，大破叛军。接着便南下去清剿浙东叛军袁晁，大军到处所向披靡。就在这个时候，遇赦不久的李白得到这一消息，便主动请缨，请求加入军队作战。这时，他已62岁，可以说已是"白发苍苍一老翁"了。此次参军不成，他写了一首诗，诗题很长——《闻李太尉大举秦兵百万出征东南，儒夫请缨，冀申一割之用，留别金陵崔侍御十九韵》，诗中先是歌颂了李太尉（光弼）的军威，赞扬他大破史朝义的功绩，接着颂扬他这次南

下平定袁晁之乱，扫清安禄山残部的必胜的军势以及此行的功绩；并表达了自己参军的愿望和目的，最后写自己病倒无法参军是天不从人愿，现在只好如"孤凤单飞"，不知何往了。

李白为什么要以 62 岁的高龄再去参军打仗，有的专家说他是要用事实证明自己是忠于朝廷的，自己是清白的。对这个说法，笔者以为不合情理。李白为李璘服务是不争的事实，而肃宗也明白李白是糊里糊涂跟着李璘的。他的被放被赦也正好证明，朝廷知道他是站错了队，并不是存心要和朝廷过不去，对此朝廷并没有再追究。所以，没有必要再洗刷，也没有什么可洗刷的。

笔者倒以为，李白之所以暮年请缨，完全是他壮心不已的表现。李白是个天真、幼稚，又很自负的人，他始终以为自己有能力在政治上、军事上大干一番。此时北方已平定，只有东南还有战事。要想施展自己的才华，只有这一次机会了，要取得功名富贵也只有这次机会了。所以他不惜以 62 岁的暮年之身投笔从戎！可惜天不从人愿，他病倒了，未能如愿。不过笔者想，假令李白没病倒，假令李公弼真的收容了他，李白也不会干出什么惊天动地的大事业来。李白，终究是个诗人！他病倒后，金陵太守和所谓的朋友们也没有款待他、挽留他。他只能离开。

走吧，走吧！在遥远的西蜀还有我的家！

走吧，走吧！还有孩子、妻子在等我回家！

走吧，走吧！这世上已容我不下！

李白感到寂寞，深深的寂寞！他的人生也快走到尽头。他决定回家，但是，家在哪儿呢？自己不听妻子的劝告，毅然决然走自己的路，续弦宗氏已经离他而去，心爱的女儿已经去世，儿子也和他一样在云游四海！哪里才是自己的归宿？李白在思忖，李白在彷徨！最后，他想起了李阳冰。他决定前往当涂，那里有他的从叔李阳冰，时任当涂县令。

李阳冰是个大文豪、大书法家，特别是篆体冠绝一时，自成一家。当时有这样的说法，颜真卿写的碑，必得配上李阳冰的碑额，被称为双璧！李白与李阳冰的"从叔"关系到底如何，研究者也说不清。因为李白本是陇西人，而李阳冰籍贯是赵郡李氏，而且李白年长于李阳冰。他们之前也似乎没有什么交往，不过现当李白已山穷水尽，走投无路时，也只有认一个"从叔"而自称"小子"去投靠他了。

难为他又写了一首很长的诗《献从叔当涂宰阳冰》，先是攀上亲戚关系，"吾家有季父，杰出圣代英"，接着，又是一番自夸与夸人，把自己比作鲁仲连，把李阳冰说成是竹林七贤中的嵇康，说他的文章"秀句满江国，高才揽天庭"，不但在江东知名而且将上达天听。还赞扬他为官清正，政绩斐然，泽被草木。诗的最后才说出自己的写诗目的：金陵朋友虽然情意厚，但是如同"斗水浇长鲸"，终难久留，现在他只能西望天门，对月长叹。言下之意是请你收留。

李阳冰与李白神交已久，佩服他的才华，又同样姓李，既然来投靠，自然慨然应允。谁知，李白一到当涂便卧床不起。

他知道自己不久于人世，便将全部诗稿交给李阳冰，并托他整理、作序，李阳冰做了一件大好事，执行了李白的遗嘱。否则后人都无福读到李白这些惊天动地的诗文了。李阳冰序言的最后一句话是"时宝应元年十一月己酉序"，这一年正是公元762年。

李白是怎么死的，历来说法不一。一种是说病死的，一种是说落水而死的。无论是怎么死的，都说明李白之死在当时并没有引起人们关注，也说明他死的那一刻身边一个亲人也没有。李阳冰应该也不在。否则，他在《草堂集序》里不会不记载，而给后人留下一个千古之谜。

今天我们只知道，李白是在寂寞和悲愤中孤零零地死去的。杜甫死去时有妻儿在身边做临终告别；苏轼去世时子孙绕膝，亲友满屋，而李白什么都没有。

李白没有回到故乡四川，他不去和家人团聚，那么要面对的只能是孤独。确实，他是病倒了。怎么病倒的？李白的身体本来是很强壮的，但是现在终于垮下来了。

年轻时，李白想要成仙，经常服丹药，"倾家事金鼎，年貌可常新"。为了相貌能够永远年轻、永葆青春，他不惜倾家荡产，把家里钱都拿出来去"事金鼎"了。他服了很多丹药。有可能，正是丹药对他的身体造成了极大的伤害。

另外，李白嗜酒如命。"百年三万六千日，一日须倾三百杯"，如此长年累月地豪饮，再好的体质也会酒精中毒！加上无节制的生活，也是他健康的杀手。

丹药、酗酒，加上生活无节制，李白终于倒下了。然而，还有更致命的，那就是此时他的心境太差了！

因此，与其相信他是病死的，笔者宁可相信他是落水而亡的。在笔者看来，虽然他确实身体衰弱了，但以李白旺盛的生命力而言不至于这么快死去的。

李白因醉酒跳到水中捉月而死的说法在唐朝时就已经有了，而且在民间流传极广。李白在死前有《鸣雁行》一诗：

闻弦虚坠良可吁，君更弹射何为乎？

显然是借雁自喻：我已经被霜打得羽毛干枯，已经被雪冻得死去活来，已经成了惊弓之鸟，只要听见弓弦一响就掉在地上了，你们为什么还要向我射子弹？这真是绝望的哀鸣！此刻，李白精神状态已很经不太好了。

"世人皆欲杀""佯狂亦可哀"，这"佯狂"和疯狂之间本来没有绝对界限。从李白最后的几首诗看来，也确实近乎疯狂：

笑矣乎！笑矣乎！君不见曲如钩，古人知尔封公侯。君不见直如弦，古人知尔死道边。……

笑矣乎！笑矣乎！君不见沧浪老人歌一曲，还道沧浪濯吾足。平生不解谋此身，虚作离骚遣人读。

笑矣乎！笑矣乎！赵有豫让楚屈平，卖身买得千年名。巢由洗耳有何益，夷齐饿死终无成，夷齐饿死终无成。君爱身后名，我爱眼前酒。饮酒眼前乐，虚名何处有。……（《笑歌行》）

悲来乎！悲来乎！主人有酒且莫斟，听我一曲悲来吟。悲来不吟还不笑，天下无人知我心。……

悲来乎！悲来乎！天虽长，地虽久，金玉满堂应不守。富
贵百年能几何？死生一度人皆有。孤猿坐啼坟上月，且须一尽
杯中酒。

悲来乎！悲来乎！凤凰不至河无图，微子去之箕子奴。汉
帝不忆李将军，楚王放却屈大夫。……（《悲歌行》）

你看他，时而笑，时而哭。这笑，是冷嘲热讽，嘲讽封建
社会没有是非曲直，甚至颠倒是非曲直；这哭，是狂歌当哭，
为自己，"孤猿坐啼坟上月"。此刻，他两次提到自沉于汨罗之
渊的屈原。功名富贵他不想了，成仙成佛他不想了，胡姬、吴
姬他也不想了，他只要酒！酒！酒！

在仲冬的一个夜里，李白说不定穿上了他当年在翰林院中
穿过的宫锦袍，他还没有忘记当年供奉翰林的风光。他乘上一
叶小舟，出游附近的江中。

这时的李白在精神上已接近崩溃。茫茫人寰，有谁了解我
李白！笑矣乎，笑矣乎，悲来乎，悲来乎，疯疯癫癫，痛彻心
肝！李白死前，还留下了一首《临终歌》：

大鹏飞兮振八裔，中天摧兮力不济。馀风激兮万世，游扶
桑兮挂石袂。后人得之传此，仲尼亡兮谁为出涕。（《临终歌》）
他到死，还是这样天真幼稚，自信而爱自吹，把自己比作孔子，
同时他还是在怨天尤人，他始终没有从自身寻找悲剧的原因。

今人安旗先生翻译了这首诗，译得极好，不妨转录于此：

大鹏飞起来啊，震动了四面八方。

是它的气力不行么，从平空中跌落在地上？

它激起的余风，也够使万代的人们荡气回肠。

天地太小了啊，右边的衣袖挂着了扶桑，

（那太阳出来的地方。）

希望后世之人，把其中的秘密参详。

仲尼死了啊！有谁来为人哭一场了。

这首诗写得真好，幸好李白的性格至死不变，否则，我们是读不到这样的好诗了。而且，他的话，确实也说出了一个事实：后世的人们都在读他的诗，在揣测他诗中的秘密，在向他的诗学习。

他站在船头，最后一次喝得酩酊大醉。江面上，清风徐来，水波不兴。月亮映在江中好像一轮白玉，在湖面上散作万点银光。带着昔日的辉煌，带着一腔怨愤，李白一头扑向了那清澈的湖水，告别了他曾经贪爱的世界。

传说中，一条鲸鱼向他游来，他跳上了鱼背，消失在茫茫的夜色中……

关于李白死亡的地点，专家们的意见还是比较统一的。他死在安徽当涂的采石矶。这个地方笔者曾去过，是长江三大矶当中的第一矶，也是最雄伟的一个。现在那里就有一个太白楼，太白楼下还有李白的坐像，就是为了纪念李白的。当地还有纪念馆，有李白的墓园，不过这里现在只是他的衣冠冢，他的墓早已迁到青山去了。

李白死去多年后，代宗还发过一个诏书，追封李白为真正的翰林学士。但当这个诏书下达的时候，李白墓上的草早已很

高了。

　　李白生前只是个供奉翰林，翰林待诏，死后才成了真翰林。真可谓："寂寞身后事，千秋万世名。"

李白现象断想

　　少年时代，我们大多接触的第一位诗人就是李白，读的第一首诗歌就是李白的诗。李白是很多人少年时代最崇拜的大诗人。李白是我们民族的共同财富，是我们民族的骄傲。可是笔者现在却在挑剔他，在对他评头论足。笔者常常反思，自己这样做，是不是错了？自己是不是有这个能力，有这个资格来品评李白？说真的，对于李白的诗歌，笔者至今仍是那么热爱！他能在笔者兴奋时使笔者豪情倍增，在笔者情绪低落时提供一个宣泄的渠道。

　　纵观李白一生，我们是不是可以有这样一个判断：李白是一个非常复杂又矛盾的共同体，他是一个天才，又是一个凡人；他盼望功名富贵，又希冀隐居山林，成仙得道；他喜欢高喊"济苍生，安社稷"却又整天生活在醉乡；他以为自己有治世之才，却连路线都认不清；他的诗文写得极好，却不懂得哪些不该写；他常常思念家乡，却一次都没回去；他同情怨妇的苦闷寂寞，却又不能容忍妻妾的离去；他喜欢与斗鸡者、赌徒们混在一起，又看不起他们；他为长期不能与孩子们见面而痛苦，却又喜欢浪迹天涯；他批判上层社会的丑恶，又想进入统治阶层；他喜欢享受现世生活，又不愿意去适应这个世俗社会。

他敢作敢为，不忌人言，他就像一阵风，不着地面，猛烈地吹过。

传统社会读书人的必修课《大学》中有这样一段话：

古之欲明明德于天下者，先治其国；欲治其国者，先齐其家；欲齐其家者，先修其身；欲修其身者，先正其心；欲正其心者，先诚其意；欲诚其意者，先致其知。致知在格物。物格而后知至，知至而后意诚，意诚而后心正，心正而后身修，身修而后家齐，家齐而后国治，国治而后天下平。

自天子以至于庶人，皆以修身为本。这个道理，今天也是适用的。不可设想，一个不注意自我修养的人，一个品行恶劣、行为乖张的人，能启迪后进、造福社会。今天，在教育界，常常强调教育者必先受教育，也正是这个道理。要"济苍生，安社稷"，并不是仅喊几句口号就能做到的。

对李白，亦应作如是观。李白的诗歌不可复制，有人说杜甫可以学，李白不能学，因为天才无法模仿。其实李杜是两种范式，不可相比。李白追求个人幸福、个人价值的实现，天才往往长于顿悟。李白要入世，要在社会中实现自我价值，张扬自我，发挥自我，得到地位，获得享受。但也希望无拘无束、自由自在，浪迹江湖。

李白处处出格，不愿做平常人，所以"世人皆欲杀"。李白天真，不世故，所以可爱。李白不停地追求，相信"长风破浪

会有时，直挂云帆济沧海"，真是可笑又可贵。他与阿Q是两种范式：李白追求不悔，而阿Q生活在回顾过去中。前者在前瞻中寻求平衡，后者在回顾中找到满足。

我们常说真实有两种——现实的真实和心理的真实。李白却做到了两种真实的统一。他不做作姿态，不作秀，他怎么想就怎么做。李白似乎"不顾羞耻"，写了许多最私密的东西，但在李白本人却认为很自然，并不羞耻。

人是复杂的、多维的，天才更是如此，我们不能以一般人的标准去理解他。正如钻石有很多个面，李白是打磨得十分精美的钻石，也有不同的反光面。

影响李白后半生的安史之乱是必然要发生的，并不仅仅是因为玄宗对安禄山的失察。当藩镇势力强大到一定程度，便会出现割据。但即使玄宗没有失误，藩镇也会发展，一旦有了力量就要独立，就要反叛。

唐朝思想开放，文化发达，对各种思想能兼容并存，道教、佛教、儒教，连摩尼教也能共存。多种信仰自由选择。在权势面前，所有的人有等级，奴才也有等级，后宫三千也有等级。玄宗是把李白当一个戏子看的，而从来没有把他当重臣。

其实天才不适合治国，因为天才都爱幻想，都有不切实际的思想。天才可以有方略，但不能有策略；天才可以有主意，但不能干实事。天才不注重论证，天才长于顿悟。

李白是天才，信仰多元，什么都能拿来为己所用，一会儿是信儒家，一会儿笑孔丘，一会儿信道家，一会儿又迫切追求，不肯顺应自然。

为什么李白身后有那么多人热爱他，喜欢他？李白之所以为我们所喜爱是他身上体现了一种稀缺的特质：精神解放，个人追求，个人价值，富于想象力，坦诚真实。他告诉我们：人还可以这样活着的。

李白的价值在于：

（一）追求自由，从古到今，人们最容易以自己束缚自己。李白狂放不羁，他的言行虽遭到反对，但有助于精神解放。只有精神解放的民族，才是有希望的。

（二）李白诗歌中的丰富想象力，对于个人乃至民族是多么可贵。

（三）冲破传统的长幼尊卑观念，提出了平等的观念，李白认为对话只有在平等的情况下才能进行。

李白对后世的启发是无限的：精神解放，追求无限，永不满足。

在评价李白时，我们不能非白即黑、非是即非、非此即彼。世事皆辩证地纠缠在一起。世界是纠缠在一起的各种侧面，不同侧面在评价时都要照顾到，如此，才能全面客观地看待一切。

李白其诗

蜀中修炼

蜀中修炼时期（705—726年，李白5—26岁）：

访戴天山道士不遇

这首诗是李白现存最早的作品。戴天山，又名大康山，在四川绵州。李白曾就读于戴天山的大明寺中。

犬吠水声中，桃花带露浓。

树深时见鹿，溪午不闻钟。

野竹分青霭，飞泉挂碧峰。

无人知所去，愁倚两三松。

犬吠句：山中犬吠与水声共鸣。树深二句：写道士住处幽深。不闻钟，暗点"不遇"。

峨眉山月歌

这是李白26岁离蜀时的作品。写离开家乡时依依不舍的心情。

峨眉山月半轮秋，影入平羌江水流。

夜发清溪向三峡，思君不见下渝州。

平羌江：在峨眉山东面。夜发句：清溪，即清溪驿。君：这里指峨眉山月。一说，指友人。

酒隐安陆

以安陆为中心的漫游时期（726—742年，李白26—42岁）：

渡荆门送别

这可能是李白离蜀时赠给友人的作品，反映了诗人"仗剑去国，辞亲远游"的豪情。

> 渡远荆门外，来从楚国游。
>
> 山随平野尽，江入大荒流。
>
> 月下飞天镜，云生结海楼。
>
> 仍怜故乡水，万里送行舟。

荆门：山名，在湖北宜都县西北长江南岸，形势险峻。楚国：湖北省一带，春秋战国时期属楚国。大荒：广阔的原野。月下一句：月亮映入江中，如镜子飞下天际。海楼：海市蜃楼。形容江上云雾变幻。仍怜二句：怜，爱。故乡水一路为他送行。

秋下荆门

此诗亦为李白离荆门时所作。

> 霜落荆门江树空，布帆无恙挂秋风。
>
> 此行不为鲈鱼脍，自爱名山入剡中。

江树空：江边树叶经秋凋零。布帆无恙：东晋大画家顾恺之曾为荆州刺史殷仲堪幕僚，顾请假东还，殷赠以布帆。路遇

大风。恺之写信说："行人安稳，布帆无恙。"鲈鱼脍：脍，切细的肉。西晋时张翰在洛阳做官，想念家乡的鲈鱼脍的美味，辞职回家。本诗意思是说，我不是为了鲈鱼脍的美味，才到江南来的。剡中：指浙江嵊县一带，风景奇美。

杨叛儿

此诗约为李白壮年时游金陵时所作。杨叛儿是六朝民歌中女性对男方的称呼。

> 君歌杨叛儿，妾劝新丰酒。
>
> 何许最关人？乌啼白门柳。
>
> 乌啼隐杨花，君醉留妾家。
>
> 博山炉中沉香火，双烟一气凌紫霞。

新丰酒：指美酒，新丰在今陕西。古诗中常言新丰酒美。白门：今南京的西门，这里借指诗中男女欢会的地方。博山二句：隐喻爱情的融洽。

横江词六首

这六首诗大约是李白入长安前所作，描写横江浦波浪的险恶和行人被阻的心情。当时李白尚年轻，胸怀抱负，希望未来能有番大作为。

其一

> 人道横江好，侬道横江恶。
>
> 猛风吹倒天门山，白浪高于瓦官阁。

侬：吴地部分地区称自己为侬。瓦官阁：即瓦官寺，位于江苏南京，高二十四丈，梁时所建。

其四

海神来过恶风回，浪打天门石壁开。

浙江八月何如此，涛似连山喷雪来。

浪打一句：天门即天门山，在安徽当涂西南。东为博望山，西为梁山，梁山对峙如门户，故称。此句妙在，说本来两座山是连在一起的，现在被浪劈开。浙江一句：与八月浙江大潮相比如何？涛似一句：极言波涛之大之美。

其五

横江馆前津吏迎，向余东指海云生。

郎今欲渡缘何事，如此风波不可行。

全诗写渡口官吏与作者对话：如此险恶的风波，可不能冒险呀。向余，对着我。

其六

月晕天风雾不开，海鲸东蹙百川回。

惊波一起三山动，公无渡河归去来。

月晕一句：月晕而风。月亮边上环绕晕圈，即起风的征兆。海鲸一句：仿佛海水是被海鲸赶回来的。三山一句：三座山相连，故名三山，位于南京西南。公无渡河：汉乐府有《公无渡

120

河》曲。说朝鲜有一"白首狂夫",清晨渡激流而死。妻子劝阻不及,也投河自尽。死前唱哀歌云:"公无渡河,公竟渡河。坠河而死,将奈公何!"

淮南卧病书怀寄蜀中赵征君蕤

这首诗大约是李白卧病淮南时的作品,抒发了他病中思乡怀友之情。淮南,安徽南部。赵蕤,梓州盐亭(今四川盐亭县)人。李白青少年时代曾和赵蕤交游。古时人经朝廷征聘叫征士,征君也为士人的美称。

> 吴会一浮云,飘如远行客。
>
> 功业莫从就,岁光屡奔迫。
>
> 良图俄弃捐,衰疾乃绵剧。
>
> 古琴藏虚匣,长剑挂空壁。
>
> 楚冠怀钟仪,越吟比庄舄。
>
> 国门遥天外,乡路远山隔。
>
> 朝忆相如台,夜梦子云宅。
>
> 旅情初结缉,秋气方寂历。
>
> 风入松下清,露出草间白。
>
> 故人不可见,幽梦谁与适?
>
> 寄书西飞鸿,赠尔慰离析。

吴会二句:吴会,指吴郡和会稽郡。浮云,比喻游子,这里指作者自己。李白这时从江南客游江北,所以这样说。莫从就:无从追求取得的意思。岁光:岁月光阴。良图:指政治抱负。俄，很快。弃捐，抛弃。绵剧：疾病沉重。古琴二句：以琴、剑比喻自己的不得志。楚冠二句：钟仪，春秋时楚国的音乐师，被晋国俘虏后，仍旧戴着楚国的帽子，奏楚国的曲调，表示不忘故土。庄舄，春秋时越国人，在楚国做大官。后来他病在床上，口中还作越声。这两句用古人事迹表示自己怀念故乡。国门：指蜀地。朝忆二句：相如台，是指司马相如的琴台。子云宅，是指扬雄（字子云）的住处。此二处故址均在今四川成都市。结缛：纠缠郁结。寂历：凋敝的样子。故人二句：谁与适，和谁相适。适，善、乐。离析：分离。

赠孟浩然

孟浩然是李白的好友。李白在这里赞美了孟浩然不愿仕宦、醉酒隐居的生活。

> 吾爱孟夫子，风流天下闻。
>
> 红颜弃轩冕，白首卧松云。
>
> 醉月频中圣，迷花不事君。
>
> 高山安可仰，徒此揖清芬。

风流：指孟浩然爱喝酒、善吟诗。醉月一句：醉月，醉酒赏月。中圣，就是喝醉了的隐语。迷花：迷恋花卉，指过隐居的生活。揖清芬：揖，表示崇敬。清芬，指高洁的品格。

江上吟

此诗是李白游江夏时所作。李白在诗中赞叹只有像屈原的光辉辞赋才能永垂不朽，表现了他藐视统治者及权贵的孤傲精神。但也赞美了他载妓饮酒、任情行乐的生活。

> 木兰之枻沙棠舟，玉箫金管坐两头。
>
> 美酒尊中置千斛，载妓随波任去留。
>
> 仙人有待乘黄鹤，海客无心随白鸥。
>
> 屈平辞赋悬日月，楚王台榭空山丘。
>
> 兴酣落笔摇五岳，诗成笑傲凌沧洲。
>
> 功名富贵若长在，汉水亦应西北流。

木兰四句：这四句是即景。叙述泛舟江上、载妓行乐的事情。屈平二句：屈平，即楚国大诗人屈原。此句赞美了屈原的辞赋。汉水一句：汉水在陕西和湖北境内，向东南方向流入长江。这里说西北流，比喻事情的不可能。

嘲鲁儒

李白受到过鲁地儒生汶上翁等人的嘲笑，于是反唇相讥，嘲笑鲁儒眼界狭窄，行动迂阔，不通时势的变化，诗中充满了李白对儒家思想的鄙薄。

> 鲁叟谈五经，白发死章句。
>
> 问以经济策，茫如坠烟雾。
>
> 足著远游履，首戴方山巾。
>
> 缓步从直道，未行先起尘。
>
> 秦家丞相府，不重褒衣人。
>
> 君非叔孙通，与我本殊伦。

时事且未达，归耕汶水滨。

白发一句：此句是讥笑鲁儒眼界狭窄，到老死还束缚在章句之学中。经济策：治理国家的策略。经济，经世济民的意思。远游履：履名，原是儒生出外谋官时所穿的鞋子。方山巾：就是方山冠。形状上下方正。秦家丞相：指李斯，他曾建议秦始皇焚书。褒衣：一种宽大的衣服。古时儒生穿褒衣，系博带。叔孙通：西汉初年薛（今山东滕县）人，他曾到故乡召集一批儒生，为汉高祖制定了一套朝廷仪式，有两个儒生认为叔孙通的行为不合古制，不愿跟他去，他讥笑他们说："你们真是鄙儒，不知时变。"殊伦：不是同一类人物。时事二句：嘲笑鲁儒不通时事，不合适做官，还是回到汶水边种地吧。汶水，在今山东省。

游泰山（六首之一）

"游泰山"诗共六首，是李白入长安前的作品。诗中描写了登泰山追寻神仙的情景，表现出诗人宗教迷信生活的一面。泰山，古称东岳，在今山东泰安县西北。

> 朝饮王母池，暝投天门阙。
>
> 独抱绿绮琴，夜行青山间。
>
> 山明月露白，夜静松风歇。
>
> 仙人游碧峰，处处笙歌发。
>
> 寂静娱清晖，玉真连翠微。
>
> 想象鸾凤舞，飘飖龙虎衣。
>
> 扪天摘匏瓜，恍惚不忆归。

举手弄清浅，误攀织女机。

明晨坐相失，但见五云飞。

王母池：一名瑶池，在泰山东南麓。暝投一句：暝，天晚。绿绮琴：汉代司马相如的琴名绿绮。笙歌：吹笙伴歌。这里借用仙人王子晋吹笙的典故。笙，乐器名。玉真一句：玉真，指道观，道士修炼祭祀的处所。举手一句：清浅，这里借指天河。明晨二句：坐，忽然的意思。五云，五色祥云。

丁都护歌

诗人描写了农民在炎热季节里拖船的痛苦情状。《丁都护歌》是南朝乐府的歌曲名，声调很哀切。

云阳上征去，两岸饶商贾。

吴牛喘月时，拖船一何苦！

水浊不可饮，壶浆半成土。

一唱都护歌，心摧泪如雨。

万人凿磐石，无由达江浒。

君看石芒砀，掩泪悲千古。

云阳一句：云阳在今江苏丹阳。吴牛一句：指气候炎热，牛都在喘气。一何：多么的意思。壶浆：装在壶里的水。江浒：江边。

苏台览古

此诗为李白在苏州所作，诗中表达了作者对时移世变，富贵不能常在的感叹。

旧苑荒台杨柳新，菱歌清唱不胜春。

只今惟有西江月，曾照吴王宫里人。

菱歌一句：菱歌，采菱时唱的歌。清唱，指歌声很响亮。不胜春，指歌曲包含了无尽的春意。

越中览古

越中，指会稽，今绍兴。古代越国的首都。

越王勾践破吴归，义士还家尽锦衣。

宫女如花满春殿，只今惟有鹧鸪飞。

越王一句：指越王勾践卧薪尝胆的故事。义士一句：义士，指为越王破吴的臣下。锦衣，官员穿的锦绣衣服。这句说义士因破吴有功，而衣锦还乡。只今一句：宫女早不知去向，只有鸟儿在飞舞。诗中写出了今衰昔荣的对比。

南陵别儿童入京

玄宗下诏征李白入京，这是他与妻儿告别的诗。诗中充满踏入仕途的狂喜。

白酒新熟山中归，黄鸡啄黍秋正肥。

呼童烹鸡酌白酒，儿女嬉笑牵人衣。

高歌取醉欲自慰，起舞落日争光辉。

游说万乘苦不早，著鞭跨马涉远道。

会稽愚妇轻买臣，余亦辞家西入秦。

仰天大笑出门去，我辈岂是蓬蒿人。

126

起舞一句：酒醉后兴致高，跳起舞来，容光焕发，似与落日争晖。游说一句：以口舌打动统治者，博取信任，获得官位叫游说。苦不早，恨不得在更早些时候实现。西入秦，向西到长安去。秦，指长安。蓬蒿人，指平民。

长安放还

蜀道难

这首诗是李白重要作品之一。它是李白初到长安时送友人入蜀所作。末段寄寓了对蜀中军阀可能割据叛乱的隐忧。据说贺知章看到此篇，竭力称叹。也有人说李白此诗是劝玄宗不要到蜀地去。

噫吁，危乎高哉！蜀道之难，难于上青天！

蚕丛及鱼凫，开国何茫然！

尔来四万八千岁，不与秦塞通人烟。

西当太白有鸟道，可以横绝峨眉巅。

地崩山摧壮士死，然后天梯石栈相钩连。

上有六龙回日之高标，下有冲波逆折之回川。

黄鹤之飞尚不得过，猿猱欲度愁攀援。

青泥何盘盘，百步九折萦岩峦。

扪参历井仰胁息，以手抚膺坐长叹。

问君西游何时还？畏途巉岩不可攀。

但见悲鸟号古木，雄飞雌从绕林间。

又闻子规啼夜月，愁空山。

蜀道之难难于上青天，使人听此凋朱颜！

连峰去天不盈尺，枯松倒挂倚绝壁。

飞湍瀑流争喧豗，砯崖转石万壑雷。

其险也如此，嗟尔远道之人，胡为乎来哉！

剑阁峥嵘而崔嵬，一夫当关，万夫莫开。

所守或匪亲，化为狼与豺。

朝避猛虎，夕避长蛇，磨牙吮血，杀人如麻。

锦城虽云乐，不如早还家。

蜀道之难，难于上青天，侧身西望长咨嗟！

噫吁一句：惊异的声音，蜀地方言。蚕丛一句：蚕丛、鱼凫是蜀国古代的两个国王的名字。西当一句：这句说太白山很高峻，只有飞鸟能过。地崩二句：是说费了许多人力，秦蜀始能相通。六龙一句：这句极言蜀山之高，成为羲和回车的标志。黄鹤二句：黄鹤善飞，猿猱善攀援，尚不得过，山之高峻可见。扪参一句：这句是说自秦入蜀途中山峦极高，在山上可以用手摸到星宿，屏住气不敢呼吸。又闻子规一句：子规，即杜鹃，传说是蜀王杜宇（号望帝）的魂魄所化，鸣声哀切。一夫当关四句：这四句是说剑阁形势险要，若非亲信的人守护，将成祸患。朝避四句：猛虎龙蛇比喻割据一方、不服从朝廷命令的人。一说是写实，蜀地偏僻，多虐害人的野兽。锦城一句：锦城，即成都。侧身西望句：咨嗟，叹息。

128

子夜吴歌（其三）

本篇题材与古乐府相近，表现女子思念情人的哀怨情感。

长安一片月，万户捣衣声。

秋风吹不尽，总是玉关情。

何日平胡虏，良人罢远征。

秋风二句：玉关情，表达对远在玉门关戍守的丈夫的思念情绪。这两句说秋风也吹不散妇人的忧愁。良人，丈夫。

春　思

这首诗写女子在春天怀念在远方的丈夫，赞美了坚贞的爱情。

燕草如碧丝，秦桑低绿枝。

当君怀归日，是妾断肠时。

春风不相识，何事入罗帏。

燕草二句：燕地是诗中女子丈夫征戍的地方，秦地是诗中女子所居之地。燕地寒冷，草木像青丝一般纤细；秦地温暖，桑树已经低垂绿枝了。春风二句：罗帏，丝织的帷帐。这两句比喻女子对丈夫爱情的坚贞。

秋　思

这首诗同样是写女子怀念远方戍边的丈夫，却表达了女子悲叹光阴虚度的心情。

燕支黄叶落，妾望白登台。

海上碧云断，单于秋色来。

胡兵沙塞合，汉使玉关回。

征客无归日，空悲蕙草摧。

燕支，山名，在甘肃省。白登台，在山西大同东面。汉高祖曾被围困于此。泛指戍守之地。海，瀚海，沙漠。胡兵一句：北方边塞多沙漠，故称沙塞。合，聚焦。征客，出征的人，指女子的丈夫。蕙草，香草。摧，摧折。指女子感叹时光逝去，青春虚度。

驾去温泉宫后赠杨山人

这是天宝二年时（李白43岁）的作品。由于被最高统治者所赏识，摆脱了失意的烦恼，李白流露出志得意满的情绪，并且表示要在建功立业以后，去过隐居的生活。温泉宫，即华清宫，故址在今陕西临潼县南骊山上。山人，即隐士。

少年落魄楚汉间，风尘萧瑟多苦颜。

自言管葛竟谁许，长吁莫错还闭关。

一朝君王垂拂拭，剖心输丹雪胸臆。

忽蒙白日回景光，直上青云生羽翼。

幸陪鸾辇出鸿都，身骑飞龙天马驹。

王公大人借颜色，金璋紫绶来相趋。

当时结交何纷纷，片言道合惟有君。

待吾尽节报明主，然后相携卧白云。

少年二句：落魄，不得志的意思。楚汉间，今湖北省汉水

130

流域一带。萧瑟，风吹声。此两句追叙自己当时旅途流浪，孤零寒苦的情况。自言一句：管，指管仲；葛，即诸葛亮。这句是说自己有管仲、诸葛亮的才能，却无人看重。长吁一句：莫错，指落寞、没精打采的样子。闭关，闭门。没有知己，不如闭门谢绝人事。垂拂拭，喻识拔真才，有如物件经过拂拭，尘垢尽去，方得显出本来面目，这里李白指得到玄宗的识拔。剖心一句：这句意思是，要尽自己的忠诚来报答。忽蒙一句：白日，指皇帝。景光，即日光，喻皇帝恩遇。幸陪一句：鸾辇，皇帝坐的车子。鸿都，门名，后汉灵帝时文学之士集中在鸿都门。这里借指长安城门。天马驹，骏马。借颜色，给面子。金璋一句：以上两句说王公大臣、达官显要也和李白结交过从。当时二句：两句说朋友虽多，真正的知己只有杨山人。

清平调词三首

此三首是李白在长安供奉翰林时，玄宗与杨贵妃赏花时命他作的，讲述了杨贵妃的美丽与奢靡的宫廷生活。

其一

云想衣裳花想容，春风拂槛露华浓。

若非群玉山头见，会向瑶台月下逢。

云想一句：以花比喻杨贵妃容貌的美丽。春风一句：槛，栏杆。露华浓，形容牡丹花带露时颜色的鲜艳。

其二

一枝红艳露凝香，云雨巫山枉断肠。

借问汉宫谁得似？可怜飞燕倚新妆。

首句：写牡丹，比喻杨贵妃之美。可怜一句：可怜，可爱。飞燕，赵飞燕，西汉皇后，以美貌著名。倚新妆，形容美女穿华丽服装时的神情姿态。

其三

名花倾国两相欢，长得君王带笑看。

解释春风无限恨，沈香亭北倚阑干。

解释句：解释，消除。这句说面对名花美人，纵有无限春愁，都可以消除了。

白马篇

古乐府《白马篇》大都描写边塞征战为国立功之事。本篇主题相似。诗中的人物形象平时斗鸡打猎，甚至纵酒杀人，一旦国家有事，马上挺身而出。诗里有李白自己的影子和愿望。

龙马花雪毛，金鞍五陵豪。

秋霜切玉剑，落日明珠袍。

斗鸡事万乘，轩盖一何高。

弓摧南山虎，手接太行猱。

酒后竞风采，三杯弄宝刀。

杀人如剪草，剧孟同游遨。

> 发愤去函谷，从军向临洮。
>
> 叱咤经百战，匈奴尽奔逃。
>
> 归来使酒气，未肯拜萧曹。
>
> 羞入原宪室，荒径隐蓬蒿。

秋霜一句：秋霜，形容剑的颜色。切玉，言剑的锋利。弓摧二句：这两句形容诗中人物有如周处一样勇敢。剧孟一句：剧孟，西汉著名的侠客。大意是交往的都是游侠。归来四句：这四句是说，自己任侠使气，既不愿向权贵低头，也不愿隐居山林，不问世事。

灞陵行送别

灞陵，西汉文帝陵墓所在地，位于长安东南郊。李白在这里送别友人，从历史上王粲的不幸遭遇联想到自己遭到佞臣的谗毁，更增加了离愁别恨。

> 送君灞陵亭，灞水流浩浩。
>
> 上有无花之古树，下有伤心之春草。
>
> 我向秦人问路歧，云是王粲南登之古道。
>
> 古道连绵走西京，紫阙落日浮云生。
>
> 正当今夕断肠处，骊歌愁绝不忍听。

灞水一句：灞水，亦作霸水。浩浩，形容水大。路歧，即歧路。云是一句：王粲，东汉末年人，建安七子之一。因长安骚乱，南奔荆州。西京，即长安。紫阙一句：紫阙，皇宫前的阙门。浮云，除写当前景色外，兼比遮蔽朝廷的坏官。这一句说朝廷黑暗，佞臣嚣张。骊歌愁绝一句：骊歌，离别时所唱之歌。愁绝，忧愁之极。

翰林读书言怀呈集贤诸学士

这首诗既叙述了自己的宫中生活，表明自己性格孤傲，放达不拘，同时反映他在政治上还有所期待。李白始终认为自己遭到高力士、张洎等人谗毁。

> 晨趋紫禁中，夕待金门诏。
>
> 观书散遗帙，探古穷至妙。
>
> 片言苟会心，掩卷忽而笑。
>
> 青蝇易相点，白雪难同调。
>
> 本是疏散人，屡贻褊促诮。
>
> 云天属清朗，林壑忆游眺。
>
> 或时清风来，闲倚栏下啸。
>
> 严光桐庐溪，谢客临海峤。
>
> 功成谢人间，从此一投钓。

观书二句：帙，书套，亦作书籍的代称。这里是说李白博览群书，深入钻研其中的奥妙。白雪一句：白雪，古曲调名。以上两句李白自喻不同流俗、容易招致谗言。疏散，爱好自由，不受拘束。属，适当的意思。严光一句：严光，字子陵，东汉时隐居于桐庐县富春江。谢客一句：谢客即谢灵运，这两句写他对严光和谢灵运的羡慕。投钓，意思是说像严子陵一样过隐居生活。

134

送裴十八图南归嵩山（二首）

这首诗是天宝三年所作。此时李白已入长安两年，这首诗表达了他进退两难的心情。

其一

何处可为别，长安青绮门。

胡姬招素手，延客醉金樽。

临当上马时，我独与君言。

风吹芳兰折，日没鸟雀喧。

举手指飞鸿，此情难具论。

同归无早晚，颍水有清源。

延，请。风吹一句：喻贤能之人遭到权臣的谗毁和打击。日没一句：日没，喻黑暗。鸟雀，喻谗佞之臣。这里寓示朝廷的黑暗。举手二句：举手指飞鸿，表明自己将如鸿鸟一样高飞离开。难具论，难以一一叙说。

其二

君思颍水绿，忽复归嵩岑。

归时莫洗耳，为我洗其心。

洗心得真情，洗耳徒买名。

谢公终一起，相与济苍生。

嵩岑，即嵩山。洗耳，尧时隐士许由在箕山种田，尧请他做九州长，他觉得这句利禄之言弄脏了他的耳朵，特地在颍水边洗耳。谢公二句：谢安，东晋人。其部下将士破苻坚于淝水，保全了东晋王朝。苍生，老百姓。"相与济苍生"就是共同来拯救人民的痛苦。这两句勉励裴图南和自己要效法谢安。

玉壶吟

这首诗叙述李白在长安的遭遇，由于李白的狂傲不驯，遭到权贵的蔑视和倾轧，不能被重用。他发出深深感叹。

> 烈士击玉壶，壮心惜暮年。
>
> 三杯拂剑舞秋月，忽然高咏涕泗涟。
>
> 凤凰初下紫泥诏，谒帝称觞登御筵。
>
> 揄扬九重万乘主，谑浪赤墀青琐贤。
>
> 朝天数换飞龙马，敕赐珊瑚白玉鞭。
>
> 世人不识东方朔，大隐金门是谪仙。
>
> 西施宜笑复宜颦，丑女效之徒累身。
>
> 君王虽爱蛾眉好，无奈宫中妒杀人。

凤凰一句：皇帝的诏书为凤诏。紫泥，紫色的泥，封诏书时所用。这一句指玄宗下诏书召见李白。揄扬，赞美。君王二句：蛾眉，本来指美女，这里借以自比。宫中，宫中的妃嫔，这里指妒忌和排斥自己的权贵。

忆东山（其一）

东山，在今浙江上虞，是东晋谢安隐居的地方。李白很赞赏谢安，自己也在浙江嵊县隐居过，嵊县与上虞毗邻，东山也

136

可能是李白栖隐之所。因此借对东山的回忆来抒发自己对归隐的向往。

> 不向东山久，蔷薇几度花。
>
> 白云还自散，明月落谁家。

几度花，花一年一度，几度表示过了几年了。白云二句：表示自己不在东山，美好的景物徒然呈现，不能赏玩。

古风·燕昭延郭隗

此诗大约是李白在长安时所作。诗中赞美了燕昭王能够尊重贤能之士，讽刺当前政治黑暗。

> 燕昭延郭隗，遂筑黄金台。
>
> 剧辛方赵至，邹衍复齐来。
>
> 奈何青云士，弃我如尘埃。
>
> 珠玉买歌笑，糟糠养贤才。
>
> 方知黄鹤举，千里独徘徊。

燕昭四句：此句形容有才能的人络绎奔赴燕国。青云士，指在高位的人。珠玉四句：举，鸟飞起叫举。黄鹤善于高飞。这四句批评统治者荒淫享乐，不求治国之道；贤才无法得到信任，只能远走高飞，独自徘徊。

大车扬飞尘

开元年间，斗鸡是当时的风尚。宦官往往通过能养善斗的鸡而得宠。李白也曾参与其间。他在这首诗中作了尖锐的揭露和斥责。

> 大车扬飞尘，亭午暗阡陌。
>
> 中贵多黄金，连云开甲宅。
>
> 路逢斗鸡者，冠盖何辉赫。
>
> 鼻息干虹霓，行人皆怵惕。
>
> 世无洗耳翁，谁知尧与跖。

亭午二句：亭午，中午。阡陌，田间的路。泛指纵横交错的路。这两句形容车尘蔽空，使道路晦暗。中贵，有权势的太监。连云，极其多的意思。干虹霓，干，上犯。怵惕，恐惧。世无二句：这两句说现今没有清洁如许由的人，就分不清好人和坏人。这是对当时坏人得势、政治黑暗的讽刺。

行路难三首

《行路难》是古乐府的歌名。第一首写了诗人赐金还乡时的愤懑心情。第二首叙述了诗人在长安受讥笑、遭谗毁的遭遇。第三首从伍子胥等古人的悲惨结局，诉说诗人对当时政治的戒惧。

其一

金樽清酒斗十千，玉盘珍羞直万钱。

停杯投箸不能食，拔剑四顾心茫然。

欲渡黄河冰塞川，将登太行雪满山。

闲来垂钓碧溪上，忽复乘舟梦日边。

行路难，行路难，多歧路，今安在？

长风破浪会有时，直挂云帆济沧海。

清酒斗十千，斗酒值万钱，形容酒的昂贵。太行二句：写离开长安之后的路途艰难，以山川的险阻喻示世路艰辛。

其二

大道如青天，我独不得出。

羞逐长安社中儿，赤鸡白雉赌梨栗。

弹剑作歌奏苦声，曳裾王门不称情。

淮阴市井笑韩信，汉朝公卿忌贾生。

君不见昔时燕家重郭隗，拥篲折节无嫌猜。

剧辛乐毅感恩分，输肝剖胆效英才。

昭王白骨萦蔓草，谁人更扫黄金台？

行路难，归去来！

大道二句：以天地宽广反衬自己的失意和悲愤。曳裾王门，出入权贵之门。昭王二句：这两句是说昭王死去很久，再没有人像他那样重用贤士了。

其三

有耳莫洗颍川水，有口莫食首阳蕨。

含光混世贵无名，何用孤高比云月。

吾观自古贤达人，功成不退皆殒身。

子胥既弃吴江上，屈原终投湘水滨。

陆机雄才岂自保，李斯税驾苦不早。

华亭鹤唳讵可闻，上蔡苍鹰何足道。

君不见吴中张翰称达生，秋风忽忆江东行。

且乐生前一杯酒，何须身后千载名。

含光混世，不露锋芒，随遇应世。讵可，岂能。

以诗代书答元丹丘

此诗是李白寄给他的朋友元丹丘的，作于长安。

青鸟海上来，今朝发何处？

口衔云锦字，与我忽飞去。

鸟去凌紫烟，书留绮窗前。

开缄方一笑，乃是故人传。

故人深相勖，忆我劳心曲。

离居在咸阳，三见秦草绿。

置书双袂间，引领不暂闲。

长望杳难见，浮云横远山。

云锦字，形容信的精致。凌紫烟，翱翔在紫色的云上。勖，勉励。心曲，心田。引领一句：这句是说读罢书信之后，眺望远方的朋友。杳，遥远。

漫游鲁豫

这是李白以东鲁、梁园为中心的漫游时期。

梁园吟

这首诗突出了诗人醉酒后的放荡行为，反映出李白在政治上失意之后及时行乐的消极思想。

我浮黄河去京阙，挂席欲进波连山。

天长水阔厌远涉，访古始及平台间。

平台为客忧思多，对酒遂作梁园歌。

却忆蓬池阮公咏，因吟"渌水扬洪波"。

洪波浩荡迷旧国，路远西归安可得！

人生达命岂暇愁，且饮美酒登高楼。

平头奴子摇大扇，五月不热疑清秋。

玉盘杨梅为君设，吴盐如花皎白雪。

持盐把酒但饮之，莫学夷齐事高洁。

昔人豪贵信陵君，今人耕种信陵坟。

荒城虚照碧山月，古木尽入苍梧云。

梁王宫阙今安在？枚马先归不相待。

舞影歌声散渌池，空馀汴水东流海。

沉吟此事泪满衣，黄金买醉未能归。

连呼五白行六博，分曹赌酒酬驰晖。

歌且谣，意方远。

东山高卧时起来，欲济苍生未应晚。

我浮一句：浮，浮舟水上。去，离开。挂席，张帆。旧国，这里指长安一带。达命，对命运的遭遇抱旷达的态度。枚马，枚乘和司马相如。分曹一句：分曹赌酒，分成两班赌酒。驰晖，飞驰的日光。

上李邕

这首是诗人写给当时北海太守李邕的。

大鹏一日同风起，扶摇直上九万里。

假令风歇时下来，犹能簸却沧溟水。

世人见我恒殊调，闻余大言皆冷笑。

宣父犹能畏后生，丈夫未可轻年少。

簸却一句：簸，扬米去糠，这里指播荡的意思。沧溟水，海水。丈夫，这里指李邕。

鲁郡东石门送杜二甫

李白与杜甫一起去齐鲁游玩，这首诗作于他们行将分别时。

醉别复几日，登临遍池台。

何时石门路，重有金樽开。

秋波落泗水，海色明徂徕。

飞蓬各自远，且尽手中杯！

金樽开，这里指开樽饮酒。飞蓬，这里用以比喻身世飘零。

沙丘城下寄杜甫

此诗是李白怀念杜甫时所作。

我来竟何事？高卧沙丘城。

城边有古树，日夕连秋声。

鲁酒不可醉，齐歌空复情。

思君若汶水，浩荡寄南征。

鲁酒二句：鲁、齐都在山东。空复情，徒然有情。这两句说，因为思念杜甫，饮酒既不能醉，听歌也不能被感动。

对酒忆贺监二首并序

这首诗是李白为了纪念贺知章而作。

太子宾客贺公，于长安紫极宫一见余，呼余为谪仙人。因解金龟换酒为乐。殁后对酒怅然有怀而作是诗。

其一

四明有狂客，风流贺季真。

长安一相见，呼我谪仙人。

昔好杯中物，翻为松下尘。

金龟换酒处，却忆泪沾巾。

谪仙人，被贬到人间的仙人。松下尘，已亡故的意思。

其二

狂客归四明，山阴道士迎。

敕赐镜湖水，为君台沼荣。

人亡馀故宅，空有荷花生。

念此杳如梦，凄然伤我情。

山阴，今绍兴。敕赐，皇帝的赏赐。

寄东鲁二稚子

此诗是李白于南京时所作，这时他的家庭和儿女都在山东。

吴地桑叶绿，吴蚕已三眠。

我家寄东鲁，谁种龟阴田？

春事已不及，江行复茫然。

南风吹归心，飞堕酒楼前。

楼东一株桃，枝叶拂青烟。

此树我所种，别来向三年。

桃今与楼齐，我行尚未旋。

娇女字平阳，折花倚桃边。

折花不见我，泪下如流泉。

小儿名伯禽，与姊亦齐肩。

双行桃树下，抚背复谁怜？

念此失次第，肝肠日忧煎。

裂素写远意，因之汶阳川。

吴地，今江苏一带。三眠，蚕作茧前有四次蜕皮，俗称为眠。江行一句：指自己往来江上，行止无定。向三年，快到三年。旋，还，归。念此一句：此句言思念的深切。

醉后赠从甥高镇

这首诗反映李白未得重用之后的愤恨和他放荡不羁的性格。

马上相逢揖马鞭，客中相见客中怜。

欲邀击筑悲歌饮，正值倾家无酒钱。

江东风光不借人，枉杀落花空自春。

黄金逐手快意尽，昨日破产今朝贫。

丈夫何事空啸傲，不如烧却头上巾。

君为进士不得进，我被秋霜生旅鬓。

时清不及英豪人，三尺童儿重廉蔺。

匣中盘剑装昔鱼，闲在腰间未用渠。

且将换酒与君醉，醉归托宿吴专诸。

揖马鞭，执着马鞭向客作揖。江东二句：说江东好景不长，如不及时行乐，不久春天就要过去。不如一句：头上巾，指儒巾。因为读书苦学之后还是不能成功，还不如烧掉儒巾过游侠生活。渠，它，指宝剑。

答王十二寒夜独酌有怀

此诗在安史之乱前夕所作。表现了李白对当时统治者的不满情绪。

昨夜吴中雪，子猷佳兴发。

万里浮云卷碧山，青天中道流孤月。

孤月沧浪河汉清，北斗错落长庚明。

怀余对酒夜霜白，玉床金井冰峥嵘。

人生飘忽百年内，且须酣畅万古情。

君不能狸膏金距学斗鸡，坐令鼻息吹虹霓。

君不能学哥舒，横行青海夜带刀，西屠石堡取紫袍。

吟诗作赋北窗里，万言不直一杯水。

世人闻此皆掉头，有如东风射马耳。

鱼目亦笑我，请与明月同。

骅骝拳跼不能食，蹇驴得志鸣春风。

《折杨》《黄花》合流俗，晋君听琴枉《清角》。

巴人谁肯和《阳春》？楚地由来贱奇璞。

黄金散尽交不成，白首为儒身被轻。

一谈一笑失颜色，苍蝇贝锦喧谤声。

曾参岂是杀人者？谗言三及慈母惊。

与君论心握君手，荣辱于余亦何有？

孔圣犹闻伤凤麟，董龙更是何鸡狗！

一生傲岸苦不谐，恩疏媒劳志多乖。

严陵高揖汉天子，何必长剑拄颐事玉阶。

达亦不足贵，穷亦不足悲。

韩信羞将绛灌比，祢衡耻逐屠沽儿。

君不见李北海，英风豪气今何在！

君不见裴尚书，土坟三尺蒿棘居。

少年早欲五湖去，见此弥将钟鼎疏。

万里六句：写寒夜独酌的夜景。沧浪，寒冷的意思。掉头，不屑一顾的意思。有如句一：有如，好像。射，这里是吹的意思。鱼目二句：鱼目比喻碌碌庸庸的人。明月，比喻有才能的人。儒，读书人。一谈二句：失颜色，指不合礼教的规范。苍蝇，指小人。傲岸一句：傲岸，高傲。不谐，跟人合不来。何必一句：何必一定要做官的意思。

146

将进酒

李白的名作。诗中写人生短促，应及时行乐、酒醉尽欢。并对功名富贵表示轻视。

君不见黄河之水天上来，奔流到海不复回。

君不见高堂明镜悲白发，朝如青丝暮成雪。

人生得意须尽欢，莫使金樽空对月。

天生我材必有用，千金散尽还复来。

烹羊宰牛且为乐，会须一饮三百杯。

岑夫子，丹丘生，将进酒，杯莫停。

与君歌一曲，请君为我倾耳听。

钟鼓馔玉不足贵，但愿长醉不复醒。

古来圣贤皆寂寞，惟有饮者留其名。

陈王昔时宴平乐，斗酒十千恣欢谑。

主人何为言少钱，径须沽取对君酌。

五花马，千金裘，呼儿将出换美酒，与尔同销万古愁。

会须一句：会须，应该。这句说应当痛快喝酒。与君：为你。钟鼓馔玉，指权贵的生活享受。径须，直须、毫不犹豫。万古愁，形容愁思的深广。

闻王昌龄左迁龙标遥有此寄

王昌龄是李白的好友。此诗是李白为了安慰他谪居湖南而作。

杨花落尽子规啼，闻道龙标过五溪。

我寄愁心与明月，随风直到夜郎西。

子规，杜鹃。与，这里是给的意思。

宣城谢朓楼饯别校书叔云

这首诗抒发了李白未得重用时的苦闷，同时也流露出他消极的出世思想。

弃我去者昨日之日不可留，乱我心者今日之日多烦忧。

长风万里送秋雁，对此可以酣高楼。

蓬莱文章建安骨，中间小谢又清发。

俱怀逸兴壮思飞，欲上青天揽明月。

抽刀断水水更流，举杯消愁愁更愁。

人生在世不称意，明朝散发弄扁舟。

酣高楼，在高楼上酣饮。明朝一句：散发弄扁舟，表示不愿做官，而去过隐逸的生活。

独坐敬亭山

众鸟高飞尽，孤云独去闲。

相看两不厌，只有敬亭山。

相看一句：指人和山彼此相看不厌，这里把山人格化了。

赠汪伦

这是李白游泾县时的作品，写出他与平民汪伦的感情。

李白乘舟将欲行，忽闻岸上踏歌声。

桃花潭水深千尺，不及汪伦送我情！

踏歌，一种民间的唱歌艺术，两脚踏着拍子唱歌。桃花潭，在今安徽。

江东受难

李白在安史之乱时期的作品。

北上行

这首诗写于安史之乱初期。全诗通过行人的艰苦旅途和愁惨心情的描绘，反映安史之乱给百姓带来的疾苦。

> 北上何所苦，北上缘太行。
>
> 磴道盘且峻，巉岩凌穹苍。
>
> 马足蹶侧石，车轮摧高冈。
>
> 沙尘接幽州，烽火连朔方。
>
> 杀气毒剑戟，严风裂衣裳。
>
> 奔鲸夹黄河，凿齿屯洛阳。
>
> 前行无归日，返顾思旧乡。
>
> 惨戚冰雪里，悲号绝中肠。
>
> 尺布不掩体，皮肤剧枯桑。
>
> 汲水涧谷阻，采薪陇阪长。
>
> 猛虎又掉尾，磨牙皓秋霜。
>
> 草木不可餐，饥饮零露浆。
>
> 叹此北上苦，停骖为之伤。

何日王道平，开颜睹天光。

北上二句：何所苦，有什么使人痛苦。缘太行，爬上太行山。马足一句：马足因倾斜的山石而颠簸。车轮一句：车轮因高岗路陡峭，常致损坏。沙尘，指安禄山部下的胡兵。杀气二句：杀气比剑更能毒害人，严风使衣裳开裂。惨戚，忧伤。悲号一句：俗所谓哭断肝肠。绝，断绝。皮肤一句：风吹日晒，皮肤比枯桑还枯槁。掉尾，摇摆尾巴。

扶风豪士歌

这一首是至德元载（756年）安史之乱起来以后，李白避难东南时作。诗中首先说到洛阳被占领后的惨相。后说他东奔吴国，受到扶风豪士的盛情款待，表示出一种感激图报的心情。扶风，郡名，在今陕西凤翔县一带。

洛阳三月飞胡沙，洛阳城中人怨嗟。

天津流水波赤血，白骨相撑如乱麻。

我亦东奔向吴国，浮云四塞道路赊。

东方日出啼早鸦，城门人开扫落花。

梧桐杨柳拂金井，来醉扶风豪士家。

扶风豪士天下奇，意气相倾山可移。

作人不倚将军势，饮酒岂顾尚书期。

雕盘绮食会众客，吴歌赵舞香风吹。

原尝春陵六国时，开心写意君所知。

堂中各有三千士，明日报恩知是谁？

150

　　抚长剑，一扬眉，清水自石何离离。

　　脱吾帽，向君笑。饮君酒，为君吟。

　　张良未逐赤松去，桥边黄石知我心。

　洛阳一句：飞胡沙，指洛阳陷入安禄山军队之手。赊，远。
意气一句：意气相投，朋友间互相倾倒、佩服。原尝春陵，指
战国四君子，即平原君、孟尝君、春申君、信陵君。清水一句：
此句形容自己胸怀宽广、光明磊落。张良二句：两句以扶风豪
士比黄石公，表示他能理解自己也有张良一样先建功立业再隐
居的心愿。

西上莲花山（古风第十九）

　安史之乱爆发时，李白正在江南宣城一带。本篇以幻想的
方式表现了诗人这时期的生活状态和思想感情。诗中有"豺狼
尽冠缨"句，当是安禄山称帝以后所作。

　　西上莲花山，迢迢见明星。

　　素手把芙蓉，虚步蹑太清。

　　霓裳曳广带，飘拂升天行。

　　邀我至云台，高揖卫叔卿。

　　恍恍与之去，驾鸿凌紫冥。

　　俯视洛阳川，茫茫走胡兵。

　　流血涂野草，豺狼尽冠缨。

　莲花山，西岳华山的最高峰叫莲花峰。明星，华山上的神
仙名。虚步一句：虚步，凌空而行。蹑（niè），登。太清，即

天空。虚步、太清，道教术语。霓裳，虹霓做成的衣裳。云台，华山东北部的高峰名。卫叔卿，神仙名。恍恍一句：之，指卫叔卿。驾鸿一句：紫冥，指天空。茫茫一句：胡兵，指安史叛军。天宝十四载十二月，叛军攻破洛阳。豺狼一句：豺狼，指安禄山手下的官员。冠缨，做官的代称。

永王东巡歌十一首

永王李璘，玄宗十六子。天宝十四年安禄山叛唐，李璘趁机搞独立政权。在九江时，李白接受征召，成为李璘幕府。此诗就是李白在做王府幕僚时写的。

其一

永王正月东出师，天子遥分龙虎旗。

楼船一举风波静，江汉翻为雁鹜池。

天子一句：这句是说永王获得皇帝重用，统帅大军。楼船，船上有楼，是一种高大的战船。

其二

三川北房乱如麻，四海南奔似永嘉。

但用东山谢安石，为君谈笑静胡沙。

三川一句：三川，今河南北部一带。北房，指安史叛军。为君一句：谈笑，形容从容不迫。胡沙，胡人兵马扬起的风沙。静胡沙，指平定叛乱。

其五

二帝巡游俱未回,五陵松柏使人哀。

诸侯不救河南地,更喜贤王远道来。

二帝二句:二帝,指玄宗和肃宗。这两句是说二帝逃亡在外,祖宗的坟墓都没有人管了。贤王,指永王李璘。

其十一

试借君王玉马鞭,指挥戎虏坐琼筵。

南风一扫胡尘静,西入长安到日边。

试借一句:意思是向永王取得节制下属的权力。指挥一句:琼筵,饮食精美的筵席。这句是说一边饮酒,一边指挥战争。日边,古人常以太阳象征皇帝,日边指皇帝的左右。

奔亡道中五首

这首诗是至德二载(757年)永王兵败之后,李白逃亡到彭泽的时候所作。诗中表明了他痛苦的处境和悲愤的心情。

其一

苏武天山上,田横海岛边。

万重关塞断,何日是归年。

田横一句:形容自己当时处境的困厄。

其四

函谷如玉关,几时可生还。

洛阳为易水，嵩岳是燕山。

俗变羌胡语，人多沙塞颜。

申包惟恸哭，七日鬓毛斑。

易水，在今河北省。嵩岳，中岳嵩山。申包二句：用申包胥的恸哭来比喻自己的爱国热情。

经乱离后天恩流夜郎忆旧游书怀赠江夏韦太守良宰

这是李白诗篇中篇幅最长的作品，全诗八百三十个字，是了解李白生平思想的重要材料。要了解李白其人，必须细细读一读。

天上白玉京，十二楼五城。

仙人抚我顶，结发受长生。

误逐世闻乐，颇穷理乱情。

九十六圣君，浮云挂空名。

天地赌一掷，未能忘战争。

试涉霸王略，将期轩冕荣。

时命乃大谬，弃之海上行。

学剑翻自哂，为文竟何成？

剑非万人敌，文窃四海声。

儿戏不足道，五噫出西京。

临当欲去时，慷慨泪沾缨。

叹君倜傥才，标举冠群英。

开筵引祖帐，慰此远徂征。

154

鞍马若浮云，送余骠骑亭。

歌钟不尽意，白日落昆明。

十月到幽州，戈铤若罗星。

君王弃北海，扫地借长鲸。

呼吸走百川，燕然可摧倾。

心知不得语，却欲栖蓬瀛。

弯弧惧天狼，挟矢不敢张。

揽涕黄金台，呼天哭昭王。

无人贵骏骨，绿耳空腾骧。

乐毅傥再生，于今亦奔亡。

蹉跎不得意，驱马过贵乡。

逢君听弦歌，肃穆坐华堂。

百里独太古，陶然卧羲皇。

征乐昌乐馆，开筵列壶觞。

贤豪间青娥，对烛俨成行。

醉舞纷绮席，清歌绕飞梁。

欢娱未终朝，秩满归咸阳。

祖道拥万人，供帐遥相望。

一别隔千里，荣枯异炎凉。

炎凉几度改，九土中横溃。

汉甲连胡兵，沙尘暗云海。

草木摇杀气，星辰无光彩。

白骨成丘山，苍生竟何罪？

函关壮帝居，国命悬哥舒。

长戟三十万，开门纳凶渠。

公卿奴犬羊，忠谠醢与菹。

二圣出游豫，两京遂丘墟。

帝子许专征，秉旄控强楚。

节制非桓文，军师拥熊虎。

人心失去就，贼势腾风雨。

惟君固房陵，诚节冠终古。

仆卧香炉顶，餐霞漱瑶泉。

门开九江转，枕下五湖连。

半夜水军来，浔阳满旌旃。

空名适自误，迫胁上楼船。

徒赐五百金，弃之若浮烟。

辞官不受赏，翻谪夜郎天。

夜郎万里道，西上令人老。

扫荡六合清，仍为负霜草。

日月无偏照，何由诉苍昊。

良牧称神明，深仁恤交道。

二忝青云客，三登黄鹤楼。

顾惭祢处士，虚对鹦鹉洲。

樊山霸气尽，寥落天地秋。

江带峨眉雪，川横三峡流。

万舸此中来，连帆过扬州。

156

送此万里目，旷然散我愁。

纱窗倚天开，水树绿如发。

窥日畏衔山，促酒喜得月。

吴娃与越艳，窈窕夸铅红。

呼来上云梯，含笑出帘栊。

对客小垂手，罗衣舞春风。

宾跪请休息，主人情未极。

览君荆山作，江鲍堪动色。

清水出芙蓉，天然去雕饰。

逸兴横素襟，无时不招寻。

朱门拥虎士，列戟何森森。

剪凿竹石开，萦流涨清深。

登楼坐水阁，吐论多英音。

片辞贵白璧，一诺轻黄金。

谓我不愧君，青鸟明丹心。

五色云间鹊，飞鸣天上来。

传闻赦书至，却放夜郎回。

暖气变寒谷，炎烟生死灰。

君登凤池去，勿弃贾生才。

桀犬尚吠尧，匈奴笑千秋。

中夜四五叹，常为大国忧。

旌旆夹两山，黄河当中流。

连鸡不得进，饮马空夷犹。

安得羿善射，一箭落旄头。

天上二句：传说天上有白玉京、黄金阙，昆仑山上有五城十二楼，是仙人居住的地方。仙人二句：指年轻时。曾接受道家长生不老之术。结发，又言束发。颇穷一句：穷，指深入探究。理，同"治"，这句说自己对天下治乱之理有深刻理解。九十六：指自秦始皇到唐玄宗，共经历了九十六代皇帝。此两句说帝王也像浮云一样，徒存空名。天地二句：说帝王也像赌博一样通过战争来争天下。时命二句：海上，指山东东部、吴越一带沿海，李白常游之地。说自己时运不佳，打算抛弃功名隐居。学剑四句：李白自嘲武没学好，不料，写诗倒出了名。五噫一句：东汉时梁鸿经过京都洛阳，因看到统治者生活奢侈，作《五噫歌》。李白用来比喻自己不愿与统治者同流合污。倜傥，不凡的样子。标举一句：标举，特出。冠群英，为群英之首。祖帐，饯别时所设的帐幕。徂，往。鞍马二句：言送行者之多。歌钟，指送别时奏乐。昆明，池名。

自开头至此为第一部分。写生平抱负，回忆与韦太守的交往。十月一句：李白天宝十一载十月曾到安禄山统治之下幽州。幽州，即今北京及河北北部一带。戈铤一句：用兵器之多来形容军队之众，以说明安禄山准备叛乱。君王二句：北海，指北方大块土地。借，借与。长鲸，指安禄山。呼吸二句：长鲸呼吸之间使百川奔走。燕然，燕然山。二句形容安禄山气焰嚣张。心知二句：虽然看出安禄山谋反迹象，却无由进言，还是避世做隐士吧。弯弧二句：说自己敢怒而不敢言。骏骨二句：

意谓人才无人重视。乐毅二句：这里说即使乐毅生在今天，仍不免奔亡。贵乡，唐县名，在今河北大名县东。韦太守当时大约正在那里做地方官。逢君，这句以下十六句大肆赞美韦太守的政绩和受人欢迎。荣枯一句：把自己与韦太守作比较。荣，炎，指韦仕途得意；枯，凉，指自己沦落不遇。

以上为第二部分。再详述自己与韦的交情、写了自己探虎穴之所见，且为自己不被重用，与韦太守的不同遭遇而伤心。

九土一句：即九州，中国。横溃，河道决口，这里比喻天下大乱。汉甲一句：唐军胡兵，两军交战。函关一句：函关，即函谷关。这里借指潼关。帝居，指唐代京师长安。这句说险要的函谷关使长安形势雄壮。国命一句：国家的命运是存是亡，悬于哥舒之手。哥舒，即哥舒翰。哥舒翰当时以皇太子先锋兵马元帅名义带兵二十万镇守潼关。长戟二句：投降安史叛军的将领。渠，首领。哥舒翰接受玄宗命令，出关击叛军，大败，潼关失守。其部将投降。公卿一句：朝廷公卿被叛军所奴役。忠说一句：忠说，敢直言的人。菹醢，肉酱，指遭受残酷的屠杀。安禄山攻入长安后，拒不投降的人大都被杀害。二圣一句：唐玄宗和太子李亨（肃宗）。游豫，游乐，出逃。两京：洛阳和长安。帝子二句：帝子，指永王李璘。专征，是皇帝给予调兵的权力。节制一句：齐桓公、晋文公的军队纪律最为严明，故常战胜。这里从反面说明李璘的部队军纪不严。熊虎，指凶猛的士兵。人心二句：李璘失去人心，军队气焰嚣张，如风雨奔腾。惟君二句：房陵，即房州，在今湖北房县。诚节，忠诚的节操。冠终古，流芳百世。这是在吹捧韦太守。

以上为第三部分，叙叛乱军之凶残，批永王军之嚣张，颂太守之英名。

香炉，峰名，在庐山。餐霞一句：以霞为食，以瑶泉漱口，这是美化隐士的生活。门开二句：说自己住在庐山。空名四句：徒赐，表示自己拒绝了他的赐予。因为名声大，被迫受征聘，误了自己。他们送来聘金，我视若浮云。翻谪，反而被贬谪。万里道，形容路远。扫荡一句：天地四方为六合。安史之乱渐平定，但自己仍如经霜之草，远谪夜郎。日月一句：朝廷是公正的，但自己的冤屈无从申诉。

以上为第四部分，为自己开脱。

二忝，忝，辱。辱为青云之客，这是李白在韦太守处作客的一句客套话。顾惭二句：面对秀丽的风景，不能像祢衡作《鹦鹉赋》那样，写出好文章来，感到很惭愧。樊山一句：樊山，在今湖北武昌县西据说有王霸之气。这里讲霸气尽，是怀古伤今。江带二句：相传峨眉积雪，需至夏日才能融化流入岷江，经三峡而下。舸，大船。窥日一句：日衔山，指日落。铅红，粉和胭脂。小垂手，古代舞蹈中垂手时的一种身段。览君二句：恭维韦太守的诗写得像江淹、鲍照那么好。逸兴一句：说韦太守兴致很高，经常找李白相聚。素襟，坦荡的胸怀。剪凿二句：形容水阁的景色。剪竹凿石，绕以清流。英音，卓越的见解。片辞二句：赞美韦太守重情义，重然诺。谓我二句：青鸟，指书信。

以上为第五部分，再次吹捧韦太守。

五色四句：言自己得喜讯，被大赦。暖气二句：用寒谷变暖、死灰复燃比喻获赦后的心情。凤池，中书省又称为凤凰池。这里泛指中央要职。贾生，李白自比贾谊。桀犬二句：指出安禄山部下史思明等还在作乱。旌旆二句：是说太华、首阳两山一带还很纷乱。连鸡二句：喻各地节度使不合作，如群鸡不能共处。虽有士兵，但犹豫不进。夷犹，犹豫。安得二句：羿，夏时诸侯，擅长射箭。旄头，即昴宿，古人认为是胡星。落旄头，喻平定安史叛军。这两句说希望出现英雄人物，迅速平定安史叛乱。

以上为第六部分，写自己遇赦，韦太守将赴长安，请求他推荐。

总之，整首诗言志，夸人，叙情，牢骚，八百多字，最终目的还是为了求人推荐。其实，对方根本不会放在心上，而且也已经没有可能了。可是李白还在叨叨不休。

浪迹天涯

秦王扫六合（古风第三）

这首诗通过对秦始皇的描写，一方面赞美了他的雄才大略和统一中国的业绩，同时讽刺了他追求神仙的迷信行为。唐玄宗迷信神仙，追求长生，尊崇道教，本篇可能有托古讽今的意思。

秦王扫六合，虎视何雄哉。

挥剑决浮云，诸侯尽西来。

明断自天启，大略驾群才。

收兵铸金人，函谷正东开。

铭功会稽岭，骋望琅邪台。

刑徒七十万，起土骊山隈。

尚采不死药，茫然使心哀。

连弩射海鱼，长鲸正崔嵬。

额鼻象五岳，扬波喷云雷。

鬐鬣蔽青天，何由睹蓬莱？

徐市载秦女，楼船几时回？

但见三泉下，金棺葬寒灰。

　　扫六合，扫荡六合，统一中国。虎视，形容势力的强盛。
挥剑二句：决，切断。形容秦王所向无敌，六国诸侯皆归于
秦。明断二句：赞美秦始皇雄才大略，凌驾群英。收兵一句：
秦始皇二十六年尽收天下的兵器，铸成十二个金人。函谷一
句：函谷，函谷关，为东面入秦的重要关隘，六国已灭后开放
此关。铭功二句：秦始皇曾东登琅玡台，南游会稽山，刻石
铭功。刑徒二句：秦始皇三十五年役使刑徒七十余万人在咸
阳建筑阿房宫，在骊山修造陵墓。骊山，位于陕西临潼县东
南。隈，山的弯曲处。尚采十句：指秦始皇派徐福带领童男童
女数千人入海求仙，采集不死之药一事。但见二句：秦始皇死

162

后，凿穿地下三泉以为墓穴，用铜棺下葬。寒灰，指腐朽的尸骨。

美人出南国（其四十九）

美人出南国，灼灼芙蓉姿。

皓齿终不发，芳心空自持。

由来紫宫女，共妒青蛾眉。

归去潇湘沚，沉吟何足悲。

灼灼一句：灼灼，鲜明的样子。芙蓉，荷花。皓齿二句：皓，洁白。不发，指没有开口唱歌。芳心，爱慕异性的思想感情。持，操持。这两句说美人没机会表演歌唱的才能，徒然在爱情上操持坚贞的品德。比喻士人怀才不遇。青蛾眉，漂亮的女子，这里指有才能的人。

长相思

这首诗寄寓了李白追求理想不能实现时的苦闷、悲哀心情。大约是在表达他离开长安以后怀念朝廷的感触。

长相思，在长安。

络纬秋啼金井阑，微霜凄凄簟色寒。

孤灯不明思欲绝，卷帷望月空长叹。

美人如花隔云端！

上有青冥之高天，下有渌水之波澜。

天长路远魂飞苦，梦魂不到关山难。

长相思，摧心肝！

络纬一句：络纬，纺织娘。金井阑，井上精美的阑干。簟，竹席。美人一句：美人，指所追求的理想人物。隔云端，形容相隔的遥远。青冥，指天，青是天的颜色，冥是形容天的幽远。渌，水色清澈叫渌。梦魂一句：和追求的美人相隔遥远，关山重重，难以逾越。

侠客行

这首诗通过对侯嬴和朱亥乃至心目中的侠客形象的赞颂，表现出李白对行侠生活的向往。有人说诗中的赵客就是李白的父亲李客，也有人说，就是李白本人。

赵客缦胡缨，吴钩霜雪明。

银鞍照白马，飒沓如流星。

十步杀一人，千里不留行。

事了拂衣去，深藏身与名。

闲过信陵饮，脱剑膝前横。

将炙啖朱亥，持觞劝侯嬴。

三杯吐然诺，五岳倒为轻。

眼花耳热后，意气素霓生。

救赵挥金槌，邯郸先震惊。

千秋二壮士，烜赫大梁城。

纵死侠骨香，不惭世上英。

谁能书阁下，白首太玄经？

164

赵客一句：燕赵多侠士，故后人称侠客为"燕赵之士"。缦胡缨，帽上粗糙的带子。吴钩兵器，弯头的刀。（飒沓）形容马行迅疾，如流星。十步一句：形容侠客凶猛无敌。信陵，战国时魏公子无忌封信陵君，招致各国的人才，有食客三千人。将炙十句：朱亥、侯嬴都是战国时魏国的侠士。帮助信陵君行刺秦王。谁能二句：谁愿意终身埋头，读书著作呢？

关山月

古乐府《关山月》歌词多写离别的哀伤。李白以此描写兵士离别家乡守卫边塞、长期不能回家的思乡之痛。

> 明月出天山，苍茫云海间。
>
> 长风几万里，吹度玉门关。
>
> 汉下白登道，胡窥青海湾。
>
> 由来征战地，不见有人还。
>
> 戍客望边色，思归多苦颜。
>
> 高楼当此夜，叹息未应闲。

明月二句：兵士戍守西方边塞，东望月亮从天山背后升起，云气苍茫像大海。汉下，下，出兵。白登，山名，汉高祖与匈奴在白登作战，被围困达七日之久。胡窥一句：窥，窥探、侵扰。青海，湖名，在今青海省东北部。唐朝曾多次在青海一带和吐蕃作战。戍客四句：守边兵士在思念妻子，高楼上的妻子也在思念丈夫。

古朗月行

此诗是对玄宗宠信杨贵妃、废弃政事的讽刺。

> 小时不识月，呼作白玉盘。
>
> 又疑瑶台镜，飞在青云端。
>
> 仙人垂两足，桂树何团团。
>
> 白兔捣药成，问言与谁餐。
>
> 蟾蜍蚀圆影，大明夜已残。
>
> 羿昔落九乌，天人清且安。
>
> 阴精此沦惑，去去不足观。
>
> 忧来其如何？凄怆摧心肝。

瑶台，神仙居住的地方。白兔一句：传说月亮中有白兔捣药。大明，月亮。阴精，月亮。

结客少年场行

《结客少年场行》为乐府古题，写侠士轻生死，重义气。这首诗同样赞美了侠士的行为，反映诗人的人生态度。

> 紫燕黄金瞳，啾啾摇绿鬃。
>
> 平明相驰逐，结客洛门东。
>
> 少年学剑术，凌轹白猿公。
>
> 珠袍曳锦带，匕首插吴鸿。
>
> 由来万夫勇，挟此生雄风。
>
> 托交从剧孟，买醉入新丰。
>
> 笑尽一杯酒，杀人都市中。

羞道易水寒，徒令日贯虹。

燕丹事不立，虚设秦帝宫。

舞阳死灰人，安可与成功。

紫燕十句：刻画了一个雄风飒爽、呼朋唤友的少年侠客的形象。托交二句：这位少年以剧孟为首领。剧孟，汉时的大侠。笑尽二句：指杀人英雄行为。羞道二句：在作者眼里，甚至连荆轲的失败也是可羞的。

劳劳亭歌

这首诗借吟咏史事，抒写自己怀才不遇的感慨。说自己的文才不输袁宏，却没有谢尚那样的人能赏识，因此独宿空帘，非常孤寂。劳劳亭，故址在今南京市南，为古代送别的地方。

金陵劳劳送客堂，蔓草离离生道旁。

古情不尽东流水，此地悲风愁白杨。

我乘素舸同康乐，朗咏清川飞夜霜。

昔闻牛渚吟五章，今来何谢袁家郎？

苦竹寒声动秋月，独宿空帘归梦长。

离离，草茂盛的样子。古情一句：思念之情像东流之水滔滔不尽。悲风一句：套用《古诗·去者日以疏》中的"白杨多悲风，萧萧愁杀人。"我乘一句：舸，大船。康乐，谢灵运，袭封康乐公。意思是希望乘上谢灵运的船，与他一起游玩。昔闻二句：东晋袁宏少时家贫，靠运租过活，后得到谢尚奖掖，名声大著。这两句是说自己的才华不比别人差，但可惜得不到人赏识和荐引。

送友人

虽谓送友人其实送自己。

> 青山横北郭，白水绕东城。
>
> 此地一为别，孤蓬万里征。
>
> 浮云游子意，落日故人情。
>
> 挥手自兹去，萧萧班马鸣。

郭，外城。为别，作别。孤蓬，蓬草，这里比喻远行的友人。浮云一句：游子，指友人。以浮云来去无定，比喻游子的心意。落日一句：落日徐徐而下，似乎有所留恋。比喻送行者眷恋友人的感情。故人，指自己。萧萧一句：萧萧，马嘶叫声。班，分别。这两句是说主客分手时，双方的马也不忍离别而长啸。

山中问答

这首诗以问答形式写尽了隐士生活的闲情逸致。

> 问余何意栖碧山，笑而不答心自闲。
>
> 桃花流水窅然去，别有天地非人间。

问余一句：何意，为何。栖碧山，指隐居在碧山。桃花二句：用了晋陶潜《桃花源记》的典故。窅然，深远的样子。

登金陵凤凰台

相传南朝刘宋元嘉年间，有三只五色鸟，翔集山上，当时人以为是凤凰，故在山上建了凤凰台。

凤凰台上凤凰游，凤去台空江自流。

吴宫花草埋幽径，晋代衣冠成古丘。

三山半落青天外，二水中分白鹭洲。

总为浮云能蔽日，长安不见使人愁。

吴宫一句：吴国的王宫埋在野草里，意思是东晋名士都已死去，空留下古坟。三山：在金陵西南江边上，因三峰并列而得名。半落青天外，形容山之远，看不清楚。总为二句：毕竟还想着功名富贵。

望庐山瀑布（二首）

这两首诗篇对雄伟的庐山瀑布有着极其生动的描写。

其一

西登香炉峰，南见瀑布水。

挂流三百丈，喷壑数十里。

欻如飞电来，隐若白虹起。

初惊河汉落，半洒云天里。

仰观势转雄，壮哉造化功！

海风吹不断，江月照还空。

空中乱潈射，左右洗青壁。

飞珠散轻霞，流沫沸穹石。

而我乐名山，对之心益闲。

无论漱琼液，且得洗尘颜。

且谐宿所好，永愿辞人间。

香炉峰，庐山西北部的高峰。壑，坑谷。河汉，银河。造化功，大自然的力量。漱，众水合在一起。穿石，大石。琼液，玉液，形容美酒。尘颜，满脸的风尘。且谐一句：暂且顺着自己原来的爱好。

其二

日照香炉生紫烟，遥看瀑布挂前川。

飞流直下三千尺，疑是银河落九天。

日照一句：阳光下的香炉峰四周的云雾呈紫色。挂前川，从峰顶直挂到水面。

望天门山

天门山在安徽当涂县西南三十里，东有博望山，西有梁山。两山夹江对峙，如同门户。

天门中断楚江开，碧水东流至此回。

两岸青山相对出，孤帆一片日边来。

天门一句：楚江，指长江。博望和梁山中间断了，故长江得以流过。碧水一句：水流至此打回旋。

听蜀僧濬弹琴

琴音之美妙动人难以传达，这首诗将美妙的琴声生动地描绘了出来。

蜀僧抱绿绮，西下峨眉峰。

为我一挥手，如听万壑松。

客心洗流水，馀响入霜钟。

不觉碧山暮，秋云暗几重！

绿绮，原是汉代辞赋家司马相如的琴的名字，这里泛指琴。挥手，弹琴。如听一句：壑，山谷。万壑松，万壑松声。客心一句：如流水般的优美的琴音洗涤了诗人心灵。遗响一句：琴的余音和钟声和谐地合奏。

临终歌

这首诗是李白的绝笔。

大鹏飞兮振八裔，中天摧兮力不济。

馀风激兮万世，游扶桑兮挂石袂。

后人得之传此，仲尼亡兮谁为出涕。

大鹏，李白曾作赋以大鹏自喻。八裔，八方。中天一句：中天，犹半空中。摧，摧折。后人二句：过去鲁人猎获麒麟，孔丘见之而哭；现在我死了，谁能为我这个大鹏而哭呢？李白临终前，无限悲痛尽在这短短的一首诗里。

李白其文·评说

李白文存

为宋中丞自荐表 ①

臣某闻，天地闭而贤人隐 ②，云雷屯而君子用 ③。

臣伏见前翰林供奉李白，年五十有七。天宝初，五府交辟 ④，不求闻达，亦由子真谷口 ⑤，名动京师。上皇闻而悦之，召入禁掖 ⑥。既润色于鸿业，或间草于王言，雍容揄扬，特见褒赏。为贼臣诈诡，遂放归山 ⑦。闲居制作，言盈数万。属逆胡暴乱，避地庐山，遇永王东巡胁行 ⑧，中道奔走，却至彭泽。具已陈首。前后经宣慰大使崔涣及臣推复清雪，寻经奏闻。

臣闻古之诸侯进贤受上赏，蔽贤受明戮。若三适称美 ⑨，必九锡先荣 ⑩，垂之典谟，永以为训。臣所荐李白，实审无辜。怀经济之才，抗巢、由之节 ⑪。文可以变风俗，学可以究天人，一命不沾，四海称屈。

伏惟陛下大明广运，至道无偏，收其希世之英，以为清朝之宝。昔四皓遭高皇而不起 ⑫，翼惠帝而方来。君臣离合，亦各有数，岂使此人名扬宇宙而枯槁当年？传曰：举逸人而天下归心。伏惟陛下，回太阳之高晖，流覆盆之下照，特请拜一京官，献可替否，以光朝列，则四海豪俊，引领知归。不胜凄凄之至，敢陈荐以闻。

【说明】

此文写作年代有至德二载（757 年）、乾元三年（760 年）二说。宋若思，即李白崇拜者。

【注释】

① 代宋若思起草，给皇帝上表。李白通过他人之口，赞扬自己。

② 语出《周易》：天地闭，贤人隐。

③ 语出《周易》：云雷屯，君子以经纶。屯，堆积。

④ 五府：谓太府、太尉、司徒、司空、大将军。五府争着重用他。

⑤ 郑子真是个隐士，道德高尚，家在谷口。这里李白把自己比作谷口郑子真。

⑥ 禁掖：禁中两旁之侧门，这里指皇宫。

⑦ 贱臣诡诈，遂放归山，指的是在那些规行矩步的馆阁诸臣眼里，李白掀天揭地的诗文，放荡不羁的做派，自然是看不顺眼，无法相容的。于是罗织周纳，编造恶名，赶走李白了事。

⑧ 指在永王璘府为幕僚一事。这里，李白在为自己辩护。

⑨ 适：举贤适得其人也。

⑩ 锡：同“赐”。三适当有一赐，《尚书》云，三适谓之有功，赐以车马、弓矢。

⑪ 抗：比得上。巢、由：指巢父与许由，尧时隐士。

⑫ 四皓：秦朝的四位博士，四老人皆因品行高洁，银须皓

首，避秦焚书坑儒而隐居商山，世称"商南四皓"。当汉高祖刘邦要废掉太子刘盈，另立赵王如意时，刘盈的母亲吕后同张良策划，约请四皓出山，从而改变了刘邦废太子的初衷，终使刘盈做了汉惠帝，四个功高盖世的老人尽可享有高官厚禄，颐养天年。

代寿山答孟少府移文书 ①

淮南小寿山谨使东峰金衣双鹤，衔飞云锦书於维扬② 孟公足下曰：仆包大块之气，生洪荒之间。连翼、轸之分野，控荆、衡之远势③。盘薄万古，邈然星河，凭天霓以结峰，倚斗极而横嶂。颇能攒吸霞雨，隐居灵仙，产隋侯之明珠，蓄卞氏之光宝，罄宇宙之美④，殚造化之奇，方与昆仑抗行，阆风接境⑤，何人间巫、庐、台、霍之足陈耶！

昨於山人李白处，见吾子移文，责仆以多奇，叱仆以特秀，而盛谈三山五岳之美，谓仆小山无名无德而称焉。观乎斯言，何太谬之甚也！吾子岂不闻乎？无名为天地之始，有名为万物之母⑥。假令登封禋祀⑦，曷足以大道讥耶？然皆损人费物，庖杀致祭，暴殄草木，镌刻金石，使载图典，亦未足为贵乎？且达人庄生，常有馀论，以为尺鷃不羡于鹏鸟⑧，秋毫可并於太山⑨。由斯而谈，何小大之殊也？

近者逸人李白自峨眉而来⑩，尔其天为容⑪，道为貌，不屈己，不干人，巢、由以来⑫，一人而已。乃虬蟠龟息⑬，遁乎此山。仆尝弄之以绿绮⑭，卧之以碧云，嗽之以琼液，饵之以金砂。既而童颜益春，真气愈茂。将欲倚剑天外，持弓扶桑。浮四海，横八荒。出宇宙之寥廓，登云天之渺茫。俄而李公仰天长吁，谓其友人曰：吾未可去也。吾与尔，达则兼济天下，穷则独善一身。⑮安能餐君紫霞，荫君青松，乘君鸾鹤，驾君虬龙，一朝飞腾，为方丈、蓬莱之人耳？此方未可也。乃相与卷其丹书⑯，匣其瑶瑟，申管、晏之谈，谋帝王之术。奋其智能，愿为辅弼，使寰区大定，海县清一。事君之道成，荣亲之义毕，然后与陶朱、留侯，浮五湖，戏沧洲，不足为难矣。即仆林下之所隐客，岂不大哉！必能资其聪明，辅以正气，借之以物色，发之以文章，虽烟花中贫，没齿无恨。其有山精木魅，雄虺猛兽，以驱之四荒，磔裂原野，使影迹绝灭，不干户庭。亦遣清风扫门，明月侍坐。此乃养贤之心，实亦勤矣。

孟子孟子，无见深责耶！明年青春，求我於此岩也。

【说明】

这篇文章作于开元十五年（727 年），当时李白初游安陆（今属湖北省），与故相许圉（yǔ）师的孙女结婚，暂时定居下来，以安陆为中心四处漫游。写作的缘由，是孟少府在前一天的文书中批评李白"无德而称焉"。于是李白把寿山人格化，以游戏的口吻，代寿山答孟少府之指责，写寿山虽无名而奇伟秀丽，隐喻自己怀才不遇，文中还提到自己高远的理想。

【注释】

① 寿山：在安陆西北，相传山下民有寿百岁者，故称寿山。移文：犹言檄文，晓谕或申讨的文书。

② 维扬：扬州，因《禹贡》"淮海维扬州"一句成文。

③ 控：控引，贯通。

④ 罄、殚：尽。

⑤ 阆风为昆仑山之一角。

⑥ 语出《老子》。

⑦ 以享祭天谓禋。

⑧ 语出《大鹏赋》。

⑨ 语出《庄子》。

⑩ 逸人：超然于流俗之外的人。峨眉：峨眉山。李白的青少年时代居于绵州昌隆，距峨眉山不远。开元十二年（724年），他游峨眉山，东出夔门，游洞庭，登庐山，至金陵、扬州，往游越中，然后西游云梦，经襄阳，作客汝海，然后才在安陆定居下来。

⑪ 尔：发语词，无具体含义。天、道：自然。此二句语出《庄子·德充符》：道与之貌，天与之形。

⑫ 巢、由：即巢父、许由，尧时代的隐士。相传尧以天下让巢父，不受，又让许由，亦不受。也有人认为巢父就是许由。诗文用典一般并称"巢由"或"巢许"。

⑬ 虬蟠龟息：像虬龙一样盘曲潜伏，像龟一样呼吸。一方面表明李白好神仙之道术，另一方面比喻他高逸脱俗的人格。

遁：隐居。

⑭　绿绮：琴名。潄：通"漱"。琼液：玉液，道家认为饮之可以长生。饵：吃，与上文的"弄""卧""潄"都是使动用法。金砂：仙药。

⑮　《孟子·尽心上》：古之人，得志，泽加于民；不得志，修身见于世。穷则独善其身，达则兼善天下。

⑯　丹书：道书。李白诚信道教，据同时人记载，他出行总是"仙药满囊，道书盈箧"。瑶瑟：乐器名称，此处比喻超然出世之心。管晏之谈：管子、晏婴所谈论的道理，指称霸天下之术。

与韩荆州书

白闻天下谈士相聚而言曰①："生不用万户侯②，但愿一识韩荆州。"何令人之景慕③，一至于此耶！岂不以有周公之风，躬吐握之事④，使海内豪俊奔走而归之，一登龙门⑤，则声誉十倍，所以龙盘凤逸之士，皆欲收名定价于君侯⑥。愿君侯不以富贵而骄之，寒贱而忽之，则三千宾中有毛遂，使白得颖脱而出⑦，即其人焉。

白陇西布衣，流落楚汉⑧。十五好剑术，遍干诸侯；三十成文章，历抵卿相⑨。虽长不满七尺，而心雄万夫。王公大人，许与气义。此畴曩心迹⑩，安敢不尽于君侯哉？

君侯制作侔神明⑪，德行动天地，笔参造化⑫，学究天人。幸愿开张心颜⑬，不以长揖见拒。必若接之以高宴，纵之以清

谈⑭，请日试万言，倚马可待⑮。今天下以君侯为文章之司命⑯，人物之权衡，一经品题，便作佳士。而君侯何惜阶前盈尺之地⑰，不使白扬眉吐气，激昂青云耶？

昔王子师为豫州⑱，未下车，即辟荀慈明，既下车，又辟孔文举；山涛作冀州⑲，甄拔三十余人，或为侍中、尚书，先代所美。而君侯亦荐一严协律⑳，入为秘书郎，中间崔宗之、房习祖、黎昕、许莹之徒，或以才名见知，或以清白见赏。白每观其衔恩抚躬㉑，忠义奋发，以此感激，知君侯推赤心于诸贤腹中㉒，所以不归他人，而愿委身国士㉓。倘急难有用，敢效微躯㉔。

且人非尧舜㉕，谁能尽善？白谟猷筹画㉖，安能自矜？至于制作，积成卷轴㉗，则欲尘秽视听㉘。恐雕虫小技㉙，不合大人。若赐观刍荛㉚，请给纸墨，兼之书人，然后退扫闲轩㉛，缮写呈上。庶青萍㉜、结绿，长价于薛、卞之门。幸惟下流㉝，大开奖饰㉞，惟君侯图之。

【说明】

这是李白向韩荆州请求推荐的信。

【注释】

① 谈士：言谈之士。

② 万户侯：食邑万户的封侯。此处借指显贵。

③ 景慕：敬仰爱慕。

④ 周公：即姬旦，周文王子，武王弟。吐握：吐哺（口中所含食物）握发（头发）。周公自称"我一沐（洗头）三握发，一饭三吐哺，起以待士，犹恐失天下之贤人"。后世因之以"吐握"形容礼贤下士。

⑤ 龙门：在今山西河津西北黄河两岸，峭壁对峙，形如阙门。传说大鱼能上此门者即化身为龙。东汉李膺有高名，当时士人有受其接待者，名为登龙门。

⑥ 龙盘凤逸：有才能而没有人赏识。收名定价：获取美名，奠定声望。君侯：对尊贵者的敬称。

⑦ 毛遂：战国时赵国平原君门下食客。颖：指锥芒。颖脱而出，喻才士若获得机会，必能充分显示其才能。

⑧ 陇西：古郡名，始置于秦。李白自称十六国时凉武昭王李暠之后，李暠为陇西人。布衣：平民。楚汉：当时李白家于安陆（今属湖北），往来于襄阳、江夏等地。

⑨ 干：干谒，对人有所求而请见。诸侯：此指地方长官。历：普遍。抵：拜谒，进见。卿相：指朝廷高级官员。

⑩ 畴曩（chóu nǎng）：往昔。

⑪ 制作：指文章著述。侔（móu）：相等，齐同。

⑫ 参：参与。造化：自然的创造化育。天人：天道和人道。

⑬ 开张：开扩，舒展。长揖：相见时拱手高举自上而下以为礼。

⑭ 清谈：汉末魏晋以来，士人喜高谈阔论，或评议人物，或探究玄理，称为清谈。

⑮ 倚马可待：喻文思敏捷。指倚马前而作，手不辍笔，顷刻便成。

⑯ 司命：掌管人之寿命的神。此指判定文章优劣的权威。权：秤锤。衡：秤杆。此指品评人物的权威。

⑰ 惜阶前盈尺之地：不在堂前接见我，意即冷落我。

⑱ 王子师：东汉王允，字子师，灵帝时为豫州刺史（治所在沛国谯县，即今安徽亳县），征召荀爽（字慈明，汉末硕儒）、孔融（字文举，孔子之后，汉末名士）等为从事。全句原出西晋东海王司马越的《与江统书》。

⑲ 山涛：字巨源，西晋名士，竹林七贤之一。为翼州（今河北高邑西南）刺史时，搜访贤才，甄拔隐屈。侍中、尚书：官名。

⑳ 严协律：名不详。协律，协律郎，属太常寺，掌校正律吕。秘书郎：属秘书省，掌管中央政府藏书。崔宗之：李白好友，开元中入仕，曾任起居郎、尚书礼部员外郎、礼部郎中、右司郎中等职，与孟浩然、杜甫亦曾有交往。房习祖：不详。黎昕：曾为拾遗官，与王维有交往。许莹：不详。

㉑ 抚躬：犹言抚膺、抚髀，表示慨叹。抚：拍。

㉒ 推赤心于诸贤腹中：指推心置腹。

㉓ 国士：国内杰出的人。

㉔ 傥：同"倘"。

㉕ 且：提起连词。

㉖ 谟猷（yóu）：谋划，谋略。

㉗ 卷轴：古代帛书或纸书以轴卷束。

㉘ 尘秽视听：请对方观看自己作品的谦语。

㉙ 雕虫小技：西汉扬雄称作赋为"童子雕虫篆刻""壮夫不为"。虫书、刻符为当时学童所习书体，纤巧难工。此处乃自谦之词。

㉚ 刍荛（chú ráo）：割草为刍，打柴为荛，刍荛指草野之人。亦用以谦称自己的作品。

㉛ 闲轩：静室。

㉜ 青萍：宝剑名。结绿：美玉名。薛：指薛烛，古代善相剑者。卞：指卞和，古代善识玉者。

㉝ 惟：念。下流：指地位低的人。惟：一作推。

㉞ 奖饰：奖励称誉。

上安州裴长史书

白闻天不言而四时行，地不语而百物生。白人焉，非天地也，安得不言而知乎？敢剖心析肝，论举身之事，便当谈笔，以明其心。而粗陈其大纲，一快愤懑，惟君侯察焉。

白本家金陵，世为右姓①。遭沮渠蒙逊难，奔流咸秦，因官寓家。少长江汉，五岁诵六甲②，十岁观百家。轩辕以来，颇得闻矣。常横经籍书，制作不倦，迄于今三十春矣。以为士生则桑弧蓬矢，射乎四方③，故知大丈夫必有四方之志。乃杖④剑去国，辞亲远游。南穷苍梧，东涉溟海。见乡人相如大夸云梦之事，云楚有七泽，遂来观焉。而许相公家见招⑤，妻以

184

孙女，便憩于此，至移三霜焉。

襄昔东游维扬，不逾一年，散金三十馀万，有落魄公子，悉皆济之。此则是白之轻财好施也。又昔与蜀中友人吴指南同游于楚，指南死于洞庭之上，白禪服⑥恸哭，若丧天伦⑦。炎月伏尸，泣尽而继之以血。行路间者，悉皆伤心。猛虎前临，坚守不动。遂权殡于湖侧，便之金陵。数年来观，筋骨尚在。白雪泣持刃⑧，躬申洗削。襄骨徒步，负之而趋。寝兴携持，无辍身手。遂丐贷营葬于鄂城之东。故乡路遥，魂魄无主，礼以迁窆，式昭朋情。此则是白存交重义也。

又昔与逸人东严子隐于岷山之阳，白巢居数年，不迹城市。养奇禽千计。呼皆就掌取食，了无惊猜。广汉太守闻而异之，诣庐亲睹，因举二以有道，并不起。此白养高忘机，不屈之迹也。

又前礼部尚书苏公出为益州长史，白于路中投刺，待以布衣之礼。因谓群寮曰："此子天才英丽，下笔不休，虽风力未成，且见专车之骨。若广之以学，可以如比肩也。"四海明识，具知此谈。前此郡督马公，朝野豪彦；一见尽礼，许为奇才。因谓长史李京之曰："诸人之文，犹山无烟霞，春无草树。李白之文，清雄奔放，名章俊语，络绎间起，光明洞澈，句句动人。"此则故交元丹⑨，亲接斯议。若苏、马二公愚人也，复何足尽陈？倘贤贤也，白有可尚。

夫唐虞之际，于斯为盛，有妇人焉，九人而已。是知才难不可多得。白，野人也，颇工于文，惟君侯顾之，无按剑也。

伏惟君侯，贵而且贤，鹰扬虎视，齿若编贝，肤如凝脂，昭昭乎若玉山上行，朗然映人也⑩。而高义重诺，名飞天京，四方诸侯，闻风暗许。倚剑慷慨，气干虹霓。月费千金，日宴群客。出跃骏马，入罗红颜。所在之处，宾朋成市。故时节歌曰："宾朋何喧喧！日夜裴公门。愿得裴公之一言，不须驱马将华轩。"白不知君侯何以得此声于壤之间，岂不由重诺好贤，谦以得也？而晚节改操，栖情翰林，天才超然，度越作者。屈佐国⑪，时惟清哉。棱威雄雄⑫，下熠群物⑬。

白窃慕高义，已经十年。云山间之，造谒无路。今也运会，得趋末尘，承颜接辞，八九度矣。常欲一雪心迹，崎岖未便。何图谤詈忽生，众口攒毁，将欲投杼下客，震于严威。⑭然自明无辜，何忧悔吝！孔子曰："畏天命，畏大人，畏圣人之言。"⑮过此三者，鬼神不害。若使事得其实，罪当其身，则将浴兰沐芳，自屏于烹鲜之地，惟君侯死生。不然，投山窜海，转死沟壑。岂能明目张胆，托书自陈耶！⑯

昔王东海问犯夜者曰："何所从来？"答曰："从师受学，不觉日晚。"王曰："吾岂可鞭挞宁越，以立威名。"想君侯通人⑰，必不尔也。

愿君侯惠以大遇，洞天心颜，终乎前恩，再辱英眄。白必能使精诚动天，长虹贯日，直度易水，不以为寒⑱。若赫然作威，加以大怒，不许门下，遂之长途，白既膝行于前，再拜而去，西入秦海⑲，一观国风，永辞君侯，黄鹄举矣。⑳何王公大人之门，不可以弹长剑乎㉑？

186

【说明】

这是李白因冲撞了上司而写的检讨书。书中大肆吹嘘自己，如何讲义气，如何有才华，并表示如果得不到重用，就要远走高飞，他相信自己一定会得到高就，颇有此地不留爷，自有留爷处之概。

【注释】

① 右姓：豪族大姓。

② 六甲：唐代的小学启蒙读本。

③ 桑弧蓬矢：古时男子出生，以桑木作弓，蓬草为矢，射天地四方，象征男儿应有志于四方。后用作勉励人应有大志之辞。

④ 杖：持。

⑤ 许相公：即许圉师，李白岳家长辈。

⑥ 禫服：即素服。

⑦ 天伦：此处指兄弟。

⑧ 雪泣：即拭泪。

⑨ 元丹：指元丹丘。

⑩ 语出《世说新语》。

⑪ 郧国：安州。

⑫ 棱威：亦作威棱，威严也。

⑬ 熠：震慑。

⑭ 用曾母事。

⑮ 语出《楚辞》。

⑯ 事出《晋书》。

⑰ 通人：通晓古今之事的人。

⑱ 言荆轲事，见风萧萧兮易水寒。

⑲ 秦海：即秦地，古人以秦地为陆海，故称。

⑳ 田饶谓鲁哀公语。如黄鹄一样高飞。

㉑ 弹剑：即弹铗。用冯谖客孟尝君事。

春夜宴从弟桃李园序

夫天地者，万物之逆旅①也，光阴者，百代之过客也。而浮生若梦，为欢几何？古人秉烛夜游，良有以也②。况阳春召我以烟景，大块③假我以文章。会桃李之芳园，叙天伦之乐事。群季俊秀，皆为惠连④；吾人咏歌，独惭康乐⑤。幽赏未已，高谈转清。开琼筵以坐花，飞羽觞⑥而醉月。不有佳咏，何伸雅怀。如诗不成，罚依金谷酒数⑦。

【说明】

这是李白与朋友们在春日饮酒时写的名文，表达了对人生如梦的感慨。

【注释】

① 逆旅：客舍、旅馆。

② 语出魏文帝《与吴质书》：古人思秉烛夜游，良有以也。

以：因由，缘故。

③ 大块：天地。

④ 惠连：南朝刘宋时的谢惠连，与谢灵运合称"大小谢"。

⑤ 康乐：即谢灵运，袭封康乐公，世称谢康乐。

⑥ 羽觞：酒器。

⑦ 金谷酒数：金谷，晋石崇所筑园名。石崇《金谷诗序》：遂各赋诗，以叙中怀，或不能者，罚酒三斗。

李白评说

草堂集序（节选）

李阳冰

李白，字太白，陇西成纪①人，凉武昭王暠九世孙②。蝉联圭组，世为显著。中叶非罪，谪居条支，易姓与名③，然自穷蝉至舜，五世为庶，累世不大曜，亦可叹焉。神龙之始，逃归于蜀，复指李树而生伯阳④。惊姜之夕，长庚入梦，故生而名白，以太白字之。世称太白之精，得之矣。

不读非圣之书，耻为郑、卫之作，故其言多似天仙之辞⑤。凡所著称，言多讽兴。自三代已来，风骚之后，驰驱屈、宋，鞭挞扬、马，千载独步，唯公一人⑥。故王公趋风，列岳结轨；群贤翕习，如鸟归凤。卢黄门云："陈拾遗横制颓波，天下质文翕然一变，至今朝诗体，尚有梁、陈宫掖之风。至公大变，扫地并尽⑦；今古文集，遏而不行。唯公文章，横被六合，可谓力敌造化欤！

天宝中，皇祖下诏，征就金马，降辇步迎，如见绮、皓⑧。以七宝床赐食，御手调羹以饭之，谓曰：卿是布衣，名为朕知，非素蓄道义，何以及此？⑨置于金銮殿，出入翰林中，问以国政，潜草诏诰，人无知者⑩。丑正同列，害能成谤，格言不入，帝用疏之。公乃浪迹纵酒，以自昏秽。⑫咏歌之际，屡称东山。又与贺知章、崔宗之等自为八仙之游，谓公谪仙人，朝列赋谪仙之歌，凡数百首，多言公之不得意。天子知其不可留，乃赐金归之。遂就从祖陈留采访大使彦允，请北海高天师授道箓于齐州紫极宫⑬。将东归蓬莱，仍羽人，驾丹丘耳。

阳冰试弦歌于当涂，心非所好，公遐不弃我，乘扁舟而相欢。⑭临当挂冠，公又疾亟。草稿万卷，手集未修。枕上授简，俾余为序。论《关雎》之义，始愧卜商；明《春秋》之辞，终惭杜预。自中原有事，公避地八年；当时著述，十丧其九，⑮今所存者，皆得之他人焉。时宝应元年十一月乙酉也。⑯

【说明】

本文选自清王琦注《李太白全集》卷之三十一，附录。是唐宝应元年（762年）当涂县令李阳冰受李白之托，为其诗文编成《草堂集》所做的序文。该集共编录李白诗文十卷，后失传。李阳冰在《草堂集序》中，除对李白的家世、生平、思想、性格、交游等作简要记述外，同时对李白的著述情况和诗

文成就进行了简要介绍和高度评价，是现存最早的李白文献之一。李阳冰，唐代文学家、书法家，据说为李白从叔，历集贤院学士，后为少监，人称李监。宝应元年，任当涂令时李白去投靠他。

【注释】

① 成纪：今甘肃天水。

② 这是李白自己说的，并无证据。

③ 指改了姓名。

④ 指李树为姓，原来是否姓李，也还是个疑问。

⑤ 李白所读之书，与众不同；所受教育，也与众不同。

⑥ 夸奖之语，意为千古一人。

⑦ 称李白有独创性。

⑧ 指皇上礼遇如此。

⑨ 指玄宗是因为听了好多人提起他，才召见的。

⑩ 指在宫中做的事，而人不知？

⑪ 指玄宗疏远他了。

⑫ 指李白自暴自弃。

⑬ 指接受道箓，为正式道士。

⑭ 指投奔李阳冰。

⑮ 指著作多散佚。

⑯ 即公元 762 年。

李翰林集序

魏　颢

　　自盘古划天地，天地之气艮于西南。剑门上断，横江下绝，岷、峨之曲，别为锦川。蜀之人无闻则已，闻则杰出①。是生相如、君平、王褒、扬雄，降有陈子昂、李白，皆五百年矣②。白本陇西，乃放形，因家于绵。身既生蜀，则江山英秀。伏羲造书契后，文章滥觞者《六经》。《六经》糟粕《离骚》，《离骚》糠秕建安七子。七子至白，中有兰芳。情理宛约，词句妍丽，白与古人争长。三字九言，鬼出神入，睒若乎后耳③。白久居峨眉，与丹丘因持盈法师达。白亦因之入翰林，名动京师。《大鹏赋》时家藏一本，故宾客贺公奇白风骨，呼为谪仙子。由是朝廷作歌数百篇。上皇豫游召白，白时为贵门邀饮，比至半醉，令制《出师诏》，不草而成，许中书舍人。以张洎谗逐，游海、岱间，年五十余尚无禄位。禄位拘常人，横海鲲，负天鹏，岂池笼荣之？④颢始名万，次名炎。万之日不远命驾江东访白，游天台，还广陵见之。眸子炯然，哆如饿虎，或时束带，风流蕴藉。曾受道箓于齐，有青绮冠帔一副。少任侠，手刃数人。与友自荆徂扬，亡权窆回棹方暑，亡友糜溃，白收其骨，江路而舟。又长揖韩荆州，荆州延饮，白误拜，韩让之，白曰：酒以成礼。荆州大悦⑤。

　　白始娶于许，生一女二男，曰明月奴。女既嫁而卒。又合于刘，刘诀。次合于鲁一妇人，生子曰颇黎。终娶于宋⑥。间携昭阳、金陵之妓，迹类谢康乐，世号为李东山，骏马美妾，

所适二千石郊迎，饮数斗醉，则奴丹砂抚《青海波》满堂不乐，白宰酒则乐。颢平生自负，人或为狂，白相见泯合，有赠之作，谓余尔后必著大名于天下，无忘老夫与明月奴。因尽出其文，命颢为集⑦。颢今登第，岂符言耶！解携明年，四海大盗，宗室有潭者，白陷焉。谪居夜郎，罪不至此，屡经昭洗，朝廷忍白久为长沙汨罗之俦，路远不存，否极则泰，白宜自宽。

吾观白之文义，有济代命，然千钧之弩，魏王大瓠，用之有时。议者奈何以白有叔夜之短，倘黄祖过祢，晋帝罪阮，古无其贤。所谓仲尼不假盖于子夏经乱离，白章句荡尽，上元末，颢于绛偶然得之。沉吟累年，一字不下。今日怀旧，援笔成序，首以赠颢作，颢酬白诗，不忘故人也。次以《大鹏赋》，古乐府诸篇积薪而录，文有差互者两举之。白未绝笔，吾其再刊。付男平津子掌。其他事迹，存于后序⑧。

【说明】

本文选自清王琦注《李太白全集》卷之三十一，附录。魏颢：又名魏万，唐人，李白崇拜者，曾追随李白，受到李白的称赞。

【注释】

① 指四川人要么不出名，出名便是出大名。

② 指五百年出一个。

③ 指推崇李白文章。

④ 回顾李白的经历、成就。

⑤ 介绍自己与李白的交往，盛赞李白的风度。

⑥ 介绍了李白家庭情况。

⑦ 交代李白对魏颢的评价和托付。

⑧ 评价李白道德文章。

故翰林学士李君墓志并序

李 华

呜呼！姑熟东南，青山北址①，有唐高士李白之墓，呜呼哀哉！夫仁以安物，公其懋焉；义以济难，公其志焉；识以辩理，公其博焉；文以宣志，公其懿焉。宜其上为王师，下为伯友，年六十有二，不偶，赋《临终歌》而卒。

悲夫！圣以立德，贤以立言，道以恒世，言以经俗。虽曰死矣，吾不谓其亡矣也②。有子曰伯禽，天然长能持，幼能辩③，数梯公之德，必将大其名也已矣。

铭曰：立德谓圣，立言谓贤。嗟君之道，奇于人而侔于天。哀哉！

【说明】

本文选自清王琦注《李太白全集》卷之三十一，附录。李华：唐人，李白族亲，长于碑版文字。李白死后，李华惜墨如金，连生平行事都不说一句。只用寥寥十三字巧妙地回避了死因："年六十有二，不偶，赋《临终歌》而卒。"

194

【注释】

① 姑熟：当涂旧名。青山：李白死后，初葬于龙山，后迁葬青山。

② 指以为李白没死。

③ 指李白儿子，伯禽。

李太白碑阴记

苏 轼

李太白，狂士也，又当失节于永王璘，此岂济世之人哉？而毕文简公以王佐期之，不亦过乎？①

曰：士固有大言而无实，虚名不适于用者，然不可以此料天下士②；士以气为主，方高力士用事，公卿大夫争事之，而太白使脱靴殿上，固已气盖天下矣③。使之得志，必不肯附权幸以取容，其肯从君于昏乎？④

夏侯湛赞东方生云："开济明豁，包含宏大。陵轹卿相，嘲哂豪杰。笼罩靡前，跆籍贵势。出不休显，贱不忧戚。戏万乘若僚友，视俦列中草芥。雄节迈论，高气盖世。可谓拔乎其萃，游方之外者。"吾与太白亦云⑤。

太白志从永王璘，当由迫协⑥，不然，璘之狂肆寝陋，虽庸人知其必败也。太白识郭子仪之为人乐，而不能知璘之无成，此理之必不然者也⑦。吾不可以不辨。

端明殿学士兼翰林仕读学士眉山苏轼撰。

本文选自清王琦注《李太白全集》卷之三十三，附录。苏轼，宋代文学家，唐宋八大家之一。在此文中苏轼为李白辩护，说李白有"气"，认为李白有知人之明。

【注释】

① 引出别人对李白的批评。

② 承认确有大言不实的人，但李白不是。

③ 证明李白有"气"。

④ 假设李白得志。

⑤ 借他人对东方生的赞美来赞美李白。

⑥ 为李白从璘辩护。

⑦ 意思是李白不可能这么傻。能识别郭之仪，怎么会错跟李璘呢？

李白名句

❖ 但愿君恩顾妾深，岂惜黄金买词赋。（《白头吟》）

❖ 覆水再收岂满杯，弃妾已去难重回。（《白头吟》）

❖ 无人知去处，愁倚两三松。（《访戴天山道士不遇》）

❖ 今来一登望，如上九天游。（《登锦城散花楼》）

❖ 夜发清溪向三峡，思君不见下渝州。（《峨眉山月歌》）

❖ 仍怜故乡水，万里送行舟。(《渡荆门送别》)

❖ 相迎不道远，直至长风沙。(《长干行》)

❖ 郎今欲渡缘何事？如此风波不可行。(《横江词》之五)

❖ 国门遥天外，乡路远山隔。(《淮南卧病书怀寄蜀中赵征君蕤》)

❖ 吾爱孟夫子，风流天下闻。(《赠孟浩然》)

❖ 孤帆远影碧空尽，惟见长江天际流。(《送孟浩然之广陵》)

❖ 如今正好同欢乐，君去容华谁得知。(《江夏行》)

❖ 此夜曲中闻折柳，何人不起故园情。(《春夜洛城闻笛》)

❖ 梦绕边城月，心飞故国楼。(《太原早秋》)

❖ 终然不受赏，羞与时人同。(《答汶上翁》)

❖ 但使主人能醉客，不知何处是他乡。(《客中作》)

❖ 鲁叟谈五经，白发死章句。(《嘲鲁儒》)

❖ 轻舟泛月寻溪转，疑是山阴雪后来。(《东鲁门泛舟》之一)

❖ 山明月露白，夜静松风歇。(《游泰山》之六)

❖ 吴牛喘月时，拖船一何苦。(《丁都护歌》)

❖ 起看秋月坠江波，东方渐高奈乐何？(《乌栖曲》)

❖ 只今惟有西江月，曾照吴王宫里人。(《苏台览古》)

❖ 宫女如花满春殿，只今惟有鹧鸪飞。(《越中览古》)

❖ 请君试问东流水，别意与之谁短长！(《金陵酒肆留别》)

❖ 仰天大笑出门去，我辈岂是蓬蒿人。(《南陵别儿童入京》)

❖ 蜀道之难难于上青天。(《蜀道难》)

❖ 剑阁峥嵘而崔嵬，一夫当关，万夫莫开。(《蜀道难》)

❖ 锦城虽云乐，不如早还家。(《蜀道难》)

❖ 余亦草间人，颇怀拯物情。(《书怀赠长安崔少府叔封昆季》)

❖ 毋令管与鲍，千载独知名。(《书怀赠长安崔少府叔封昆季》)

❖ 何日平胡虏，良人罢远征。(《子夜吴歌·秋歌》)

❖ 征客无归日，空悲蕙草摧。(《秋思》)

❖ 玉关去此三千里，欲寄音书那可闻。(《思边》)

❖ 待吾尽节报明主，然后相携卧白云。(《赠杨山人》)

❖ 云想衣裳花想容，春风拂槛露华浓。(《清平调》之一)

❖ 名花倾国两相欢，常得君王带笑看。(《清平调》之三)

❖ 解释春风无限恨，沉香亭北倚阑干。(《清平调》之三)

❖ 楚山泰山皆白云，白云处处长随君。(《白云歌》)

❖ 酒后竞风采，三杯弄宝刀。(《白马篇》)

❖ 片言苟会心，掩卷忽而笑。(《读书言怀》)

❖ 镜湖流水漾清波，狂客旧舟逸兴多。(《送贺宾客归越》)

❖ 正当今夕断肠处，骊歌愁绝不忍听。(《送别》)

❖ 归时莫洗耳，为我洗其心。洗心得真情，洗耳徒买名。(《送斐十八》)

❖ 西施宜笑复宜颦，丑女效之徒累身。(《玉壶吟》)

❖ 白云还自散，明月落谁家。(《忆东山》)

198

❖ 奈何青云士，弃我如尘埃。(《燕昭延郭隗》)

❖ 长风破浪会有时，直挂云帆济沧海。(《行路难》之一)

❖ 欲渡黄河冰塞川，将登太行雪满山。(《行路难》之一)

❖ 且乐生前一杯酒，何须身后车载名。(《行路难》之三)

❖ 狂客落魄尚如此，何况壮士当群雄。(《梁甫吟》)

❖ 人生达命岂暇愁，且饮美酒登高楼。(《梁园吟》)

❖ 东山高卧时起来，欲济苍生未应晚。(《梁园吟》)

❖ 宣父犹能畏后生，丈夫未可轻年少。(《上李邕》)

❖ 大鹏一日同风起，扶摇直上九万里。(《上李邕》)

❖ 此情不可道，此别何时遇。(《金乡送韦八之西京》)

❖ 笑夸故人指绝境，山光水色青于蓝。(《鲁郡尧祠送窦明府薄华还西京》)

❖ 我觉秋兴逸，谁云秋兴悲？(《秋日鲁郡尧祠亭上别宴》)

❖ 飞蓬各自远，且尽手中杯。(《鲁郡不东门送杜二甫》)

❖ 我欲因之梦吴越，一夜飞度镜湖月。(《梦游天姥吟留别》)

❖ 千岩万转路不定，迷花倚石忽已暝。(《梦游天姥吟留别》)

❖ 世间行乐亦如此，古来万事东流水。(《梦游天姥吟留别》)

❖ 巨灵咆哮擘两山，洪波喷流射东海。(《西岳云台歌送丹丘子》)

❖ 万里长征战，三军尽衰老。(《战城南》)

❖ 双行桃树下，抚背复谁怜？（《寄东鲁二稚子》）

❖ 折花不见我，泪下如流泉。（《寄东鲁二稚子》）

❖ 黄金逐手快意尽，昨日破产今朝贫。（《醉后赠从甥》）

❖ 人生飘忽百年内，且须酣畅万古情。（《答王十二寒夜独酌有怀》）

❖ 白璧何辜，青蝇屡前。（《雪谗诗赠友人》）

❖ 万乘尚尔，匹夫何伤。（《雪谗诗赠友人》）

❖ 困兽当猛虎，穷鱼饵奔鲸。（《羽檄如流星》）

❖ 君不见黄河之水天上来，奔流到海不复回。（《将进酒》）

❖ 君不见高堂明镜悲白发，朝如青丝暮成雪。（《将进酒》）

❖ 天生我材必有用，千金散尽还复来。（《将进酒》）

❖ 心和得天真，风俗犹太古。（《赠清漳明府侄韦》）

❖ 黄河捧土尚可塞，北风雨雪恨难裁。（《北风行》）

❖ 我寄愁心与明月，随风直到夜郎西。（《闻王昌龄左迁龙标遥有此寄》）

❖ 黄金白璧买歌笑，一醉累月轻王侯。（《忆旧游寄谯郡元参军》）

❖ 言亦不可尽，情亦不可及。（《忆旧游寄谯郡元参军》）

❖ 清风吹歌入空去，歌曲自绕行云飞。（《忆旧游寄谯郡元参军》）

❖ 回山转海不作难，倾情倒意无所惜。（《忆旧游寄谯郡元参军》）

❖ 明月不归沉碧海，白云愁色满苍梧。（《哭晁卿衡》）

200

❖ 千里一回首，万里一长歌。黄鹤不复来，清风愁奈何。（《书情题蔡舍人雄》）

❖ 暂因苍生起，谈笑安黎元。（《书情题蔡舍人雄》）

❖ 江城如画里，山晓望晴空。（《秋登宣城谢朓北楼》）

❖ 两水夹明镜，双桥落彩虹。（《秋登宣城谢朓北楼》）

❖ 弃我去者，昨日之日不可留。乱我心者，今日之日多烦忧。（《宣城谢朓楼饯别校书叔云》）

❖ 蓬莱文章建安骨，中间小谢又清发。（《宣城谢朓楼饯别校书叔云》）

❖ 俱怀逸兴壮思飞，欲上青天揽明月。（《宣城谢朓楼饯别校书叔云》）

❖ 抽刀断水水更流，举杯消愁愁更愁。（《宣城谢朓楼饯别校书叔云》）

❖ 人生在世不称意，明朝散发弄扁舟。（《宣城谢朓楼饯别校书叔云》）

❖ 相看两不厌，只有敬亭山。（《独坐敬亭山》）

❖ 闲随白鸥去，沙上自为群。（《过崔八丈水亭》）

❖ 人游月边去，舟在空中行。（《送王屋山人魏万还王屋》）

❖ 黄河若不断，白首长相思。（《送王屋山人魏万还王屋》）

❖ 君看我才能，何似鲁仲尼。大圣犹不遇，小儒安足悲。（《书怀赠南陵常赞府》）

❖ 虽有数斗玉，不如一盘粟。（《书怀赠南陵常赞府》）

❖ 人行明镜中，鸟度屏风里。（《清溪行》）

❖ 我今誓死不能去，哀鸣惊叫泪沾衣。(《山鹧鸪词》)

❖ 寄言向江水，汝意忆侬不？(《秋浦歌》之一)

❖ 郎听采菱女，一道夜歌归。(《秋浦歌》之十三)

❖ 赧郎明月夜，歌曲动寒川。(《秋浦歌》之十四)

❖ 炉火照天地，红星乱紫烟。(《秋浦歌》之十四)

❖ 一叫一回肠一断，三春三月忆三巴。(《宣城见杜鹃花》)

❖ 桃花潭水深千尺，不及汪伦送我情。(《赠汪伦》)

❖ 人生贵相知，何必金与钱。(《赠友人》之二)

❖ 廉夫惟重义，骏马不劳鞭。(《赠友人》之二)

❖ 何日王道平，开颜睹天光。(《北上行》)

❖ 华发长折腰，将贻陶公诮。(《经乱后将避地剡中留赠崔宣城》)

❖ 扶风豪士天下奇，意气相倾山可移。(《扶风豪士歌》)

❖ 堂中各有三千士，明日报恩知是谁？(《扶风豪士歌》)

❖ 溧阳酒楼三月春，杨花茫茫愁煞人。(《猛虎行》)

❖ 丈夫相见且为乐，槌牛挝鼓会众宾。(《猛虎行》)

❖ 俯视洛阳川，茫茫走胡兵。流血涂野草，豺狼尽冠缨。(《西上莲花山》)

❖ 中夜天中望，忆君思见君。(《西上莲花山》)

❖ 明朝拂衣去，永与海鸥群。(《赠王判官，时余归隐，居庐山屏风叠》)

❖ 永王正月东出师，天子遥分龙虎旗。(《永王东巡歌》之一)

❖ 但用东山谢安石，为君谈笑静胡沙。(《永王东巡歌》之二)

❖ 南风一扫胡尘静，西入长安到日边。(《永王东巡歌》之十一)

❖ 聚散百万人，弛张在一贤。(《在水军宴赠幕府诸侍御》)

❖ 归心落何处，日没大江西。(《奔王道中》之五)

❖ 穆陵关北愁爱子，豫章天南隔老妻。(《万愤词投魏郎中》)

❖ 好我者恤我，不好我者何忍临危而相济。(《万愤词投魏郎中》)

❖ 杀气横千里，军声动九区。(《中丞宋公以吴兵三千赴河南军次阳脱余之囚参谋幕府因赠之》)

❖ 功略盖天地，名飞青云上。(《赠张相镐》之二)

❖ 十五观奇书，作赋凌相如。(《赠张相镐》之二)

❖ 气岸遥凌豪士前，风流肯落他人后?(《流夜郎赠辛判官》)

❖ 我愁远谪夜郎去，何日金鸡放赦回。(《流夜郎赠辛判官》)

❖ 一为迁客去长沙，西望长安不见家。(《与史中郎钦听黄鹤楼上吹笛》)

❖ 人分千里外，兴在一杯中。(《江夏别宋之悌》)

❖ 平生不下泪，于此泣无穷。(《江夏别宋之悌》)

❖ 巴水忽可尽，青天无到时。(《上三峡》)

❖ 三朝又三暮，不觉鬓成丝。(《上三峡》)

❖ 飞步凌绝顶，极目无纤烟。(《自巴东舟行经瞿塘峡登巫山最高峰晚霞还题壁》)

❖ 青天若可扪，银汉去安在?(《自巴东舟行经瞿塘峡登巫

山最高峰晚霞还题壁》)

❖ 两岸猿声啼不住，轻舟已过万重山。(《早发白帝城》)

❖ 雁引愁心去，山衔好月来。(《与夏十二登岳阳楼》)

❖ 风悲猿啸苦，木落鸿飞早。(《荆州贼乱言怀》)

❖ 功成献凯见明主，丹青画像麒麟台。(《司马将军歌》)

❖ 淡扫明湖开玉镜，丹青画出是君山。(《陪族叔刑部侍郎晔及中书贾舍人至游洞庭》之五)

❖ 巴陵无限酒，醉杀洞庭秋。(《陪侍郎叔游洞庭醉后》之三)

❖ 前门长揖后门关，今日结交明日改。(《赠从弟南平太守之遥》之一)

❖ 当时笑我微贱者，却来请谒为交欢。(《赠从弟南平太守之遥》之一)

❖ 爱君山岳心不移，随君云雾迷所为。(《赠从弟南平太守之遥》之一)

❖ 仙人抚我顶，结发受长生。(《经乱离后天恩流夜郎忆旧游书怀赠江夏韦太守良宰》)

❖ 白骨成丘山，苍生竟何罪。(《经乱离后天恩流夜郎忆旧游书怀赠江夏韦太守良宰》)

❖ 清水出芙蓉，天然去雕饰。(《经乱离后天恩流夜郎忆旧游书怀赠江夏韦太守良宰》)

❖ 中夜四五叹，常为大国忧。(《经乱离后天恩流夜郎忆旧游书怀赠江夏韦太守良宰》)

❖ 谓我不愧君，青鸟明丹心。(《经乱离后天恩流夜郎忆旧游书怀赠江夏韦太守良宰》)

❖ 头陀云月多僧气，山水何曾称人意。(《江夏赠韦南陵冰》)

❖ 我且为君捶碎黄鹤楼，君亦为吾倒却鹦鹉洲。(《江夏赠韦南陵冰》)

❖ 昨夜东风入武阳，陌头杨柳黄金色。(《早春寄王汉阳》)

❖ 碧水浩浩云茫茫，美人不来空断肠。(《早春寄王汉阳》)

❖ 月出峨眉照沧海，与人万里长相随。(《峨眉山月歌送蜀僧晏入中京》)

❖ 黄鹤楼前月华白，此中忽见峨眉客。(《峨眉山月歌送蜀僧晏入中京》)

❖ 烟开兰叶香风暖，岸夹桃花锦浪生。(《鹦鹉洲》)

❖ 我本楚狂人，凤歌笑孔丘。(《庐山谣寄卢侍御虚舟》)

❖ 五岳寻仙不辞远，一生好入名山游。(《庐山谣寄卢侍御虚舟》)

❖ 翠影红霞映朝日，鸟飞不到吴天长。(《庐山谣寄卢侍御虚舟》)

❖ 登高壮观天地间，大江茫茫去不还。(《庐山谣寄卢侍御虚舟》)

❖ 黄云万里动风色，白波九道流雪山。(《庐山谣寄卢侍御虚舟》)

❖ 大鹏飞兮振八裔，中天摧兮力不济。(《临终歌》)

❖ 余风激兮万世，游扶桑兮挂石袂。(《临终歌》)

❖ 自从建安来，绮丽不足珍。(《大雅久不行》)

❖ 秦王扫六合，虎视何雄哉。(《古风五十九首》之三)

❖ 松柏本孤直，难为桃李颜。(《古风五十九首》之十二)

❖ 天长路远魂飞苦，梦魂不到关山难。(《长相思》之一)

❖ 掩妾泪，听君歌。歌有声，妾有情。(《乐府·夜坐吟》)

❖ 草不谢荣于春风，木不怒落于秋天。(《日出入行》)

❖ 纵死侠骨香，不惭世上英。(《侠客行》)

❖ 三杯吐然诺，五岳倒为轻。(《侠客行》)

❖ 长风几万里，吹度玉门关。(《关山月》)

❖ 感君恩重许君命，太山掷轻鸿毛。(《结袜子》)

❖ 君情与妾意，各自东西流。昔日芙蓉花，今成断根草。

(《妾薄命》)

❖ 雨落不上天，水覆难再收。(《妾薄命》)

❖ 此曲有意无人传，愿随春风寄燕然。(《长相思》)